职业教育课程体系创新规划教材
决胜职业生涯系列教材

就 业 导 航

第2版

主　编　陈伟娜　林　勤
参　编　何秀兰　黎杏玲　韩　洁

机械工业出版社

本书共计三个专题的学习内容，包括认清就业形势（把握大局，了解国家的就业政策；因地制宜，关注区域的就业形势；正视自我，发挥个人的就业优势）；拓宽就业渠道（弃旧迎新，树立正确的就业观念；主动出击，多渠道开辟就业途径）；调整就业心态（未雨绸缪，认识常见的择业心理；科学调适，形成良好的择业心态）；最后，通过"实训工场——制作招聘信息集"感悟所学知识。

本书结合学生特点，采用项目式教学法，以任务驱动指引学生灵活应对各种问题，帮助学生客观分析就业形势，主动开辟多种就业渠道，积极调整就业心态，从容自信地应对毕业后所面临的择业与就业问题。

本书可作为职业院校就业与创业指导课程教材，也可供班主任开展班级教育之用，亦可供学生自学使用。

图书在版编目（CIP）数据

就业导航/陈伟娜，林勤主编．—2版．—北京：机械工业出版社，2018.3（2023.1重印）

（决胜职业生涯系列教材）

职业教育课程体系创新规划教材

ISBN 978-7-111-59332-4

Ⅰ．①就… Ⅱ．①陈… ②林… Ⅲ．①大学生—职业选择—职业教育—教材 Ⅳ．①G647.38

中国版本图书馆CIP数据核字（2018）第042914号

机械工业出版社（北京市百万庄大街22号　邮政编码100037）
策划编辑：宋　华　　责任编辑：宋　华　王　慧　徐永杰
责任校对：潘　蕊　　封面设计：马精明
责任印制：常天培

固安县铭成印刷有限公司印刷

2023年1月第2版第2次印刷

184mm×260mm・6.5印张・122千字

标准书号：ISBN 978-7-111-59332-4

定价：36.00元

电话服务　　　　　　　　网络服务

客服电话：010-88361066　机　工　官　网：www.cmpbook.com
　　　　　010-88379833　机　工　官　博：weibo.com/cmp1952
　　　　　010-68326294　金　书　网：www.golden-book.com
封底无防伪标均为盗版　　机工教育服务网：www.cmpedu.com

前　　言

选择职业就是选择自己的未来，谋求职业就是谋求人生的价值。然而，纵观茫茫职海生涯，何处有暗礁？何处有灯塔？如何才能战胜惊涛骇浪？如何才能到达自己梦想的彼岸？唯有充分了解处境，分析形势，用知识武装自己，才能成为一名优秀的职海水手，才能获得自己心仪的职业！

心态具有非凡的力量，它影响我们对人生的态度，可以改变我们的命运。对人生抱持慷慨大度的心态，会使我们的命运更富足；对就业抱有乐观积极的心态，会使我们的生活更美好。毕业生即将从学校走向社会，从一名在校学生转变为社会人，他们在就业过程中容易产生各种不良心态，激化各种心理矛盾，如理想与现实的矛盾、情感与理智的矛盾等。教师把可以预见的问题先对学生进行引导，有利于他们正视现实，调整好心态，更积极地面对自己的就业问题。

本书旨在引导学生认清就业形势，主动开辟多种就业渠道，树立正确的就业观，积极调整就业心态，从容自信地应对毕业后所面临的择业与就业问题。

本书由陈伟娜、林勤任主编，参加本书编写的还有何秀兰、黎杏玲、韩洁。此外，在本书编写过程中，得到了相关领导、教师的大力支持和指导，并参阅了一些资料，在此一并表示感谢。

因编者水平有限，内容如有不妥之处，恳请读者提出宝贵意见与建议。

编　者

目 录

前言

专题一 认清就业形势 ·· 001

 项目一 把握大局,了解国家的就业政策 ················ 002

 项目二 因地制宜,关注区域的就业形势 ················ 013

 项目三 正视自我,发挥个人的就业优势 ················ 021

专题二 拓宽就业渠道 ·· 033

 项目一 弃旧迎新,树立正确的就业观念 ················ 034

 项目二 主动出击,多渠道开辟就业途径 ················ 046

专题三 调整就业心态 ·· 061

 项目一 未雨绸缪,认识常见的择业心理 ················ 062

 项目二 科学调适,形成良好的择业心态 ················ 077

实训工场——制作招聘信息集 ································· 095

参考文献 ··· 098

专题一
认清就业形势

纵观茫茫职海生涯,
何处有暗礁?何处有灯塔?
如何才能战胜惊涛骇浪?
如何才能到达自己梦想的彼岸?
彷徨、彷徨——

项目一　把握大局，了解国家的就业政策

一、任务布置

情景案例

乙肝病毒携带者可以平等就业

● 在某高校BBS的求职版上，一条图文并茂的帖子引人注目："寻一名与照片相像者，有要事相求，事成酬谢1 000元。"该帖子的发布人是即将毕业的研究生小李，他刚找到一份工作，单位要求进行全面的入职体检，这让他的神经紧绷起来，因为他是乙肝病毒携带者。他担心过不了血液检测关，情急之下，只好找一个和自己外表相像的人当"替身"。据了解，小李很优秀，每次求职，面试都能顺利通过，可到了体检这一关就过不去了。"难道一个人与乙肝沾上了边，就与美好的事业绝缘了吗？"小李陷入深深的苦恼之中。

● 2003年6月，安徽芜湖的张先著报名参加了安徽省国家公务员考试。经过笔试和面试，张先著的成绩均为报考此职位考生中的第一名，并进入芜湖市人事局规定的入职体检程序。在体检中，张先著被铜陵市人民医院诊断为乙肝病毒携带者。2003年9月25日，芜湖市人事局以口头方式宣布，张先著由于不符合公务员身体健康标准而不能被录取。2003年11月10日，张先著正式向芜湖市人民法院提起行政诉讼，状告芜湖市人事局"歧视乙肝患者"。此宗案件，被媒体称为"中国乙肝歧视第一案"。

解析：据统计，我国目前约有1.2亿人是乙肝病毒携带者。其实，根据有关医学资料证实，一般的乙肝病毒携带者传染性

很小,对健康危害也不大,但不少单位仍会以不符合健康标准为由将他们拒之门外。2008年颁布实施的《中华人民共和国就业促进法》虽然没有提到乙肝病毒携带者的具体条文,但在第三十条却做了概括性规定:"用人单位招用人员,不得以是传染病病原携带者为由拒绝录用。但是,经医学鉴定传染病病原携带者在治愈前或者排除传染嫌疑前,不得从事法律、行政法规和国务院卫生行政部门规定禁止从事的易使传染病扩散的工作。"可见,只要全国人大及其常委会制定的法律、国务院制定的行政法规或国务院卫生行政部门的规定没有禁止,用人单位就不得以乙肝病毒携带者为由拒绝录用。换言之,除了前述规定,其他任何机关或单位禁止录用乙肝病毒携带者的规定都是无效的。

思考: 如果没有国家相关政策支持,我们的就业保障将何去何从?你对相关的就业政策又知道多少呢?

知识目标: 1. 了解国家的就业政策与就业现状。
2. 自行制定切实可行的就业计划。

一、... 二、任务实施 三、... 四、... 五、...

任务一 任务描述

按照既定的分组，各小组成员派代表收集就业宏观信息，并分析当前就业状况，看供求是否平衡。完成任务书Ⅰ。

《了解国家就业形势》任务书Ⅰ

班别 _____ 组别 _____ 完成时间 _____

任务	任务要求	组员	任务分工	得分
了解国家就业形势	学生通过网络、报纸等媒介收集就业动态，了解、分析国家就业形势	组长	统筹全组工作	
		演讲能手	代表小组发言	
		情报专家	负责使用手机在网上收集资料	
		监督专员	监督并协助情报专家收集资料	
		书记员	文字记录及资料整理	
列举收集到的近三年以来就业的宏观信息	年份			
	内容			
师生总结				

004

专题一 认清就业形势

任务二 任务描述

按照既定的分组,各小组成员根据任务书Ⅰ的结果,分析应如何把握当前职业院校毕业生就业趋势,完成任务书Ⅱ。

《把握职业院校毕业生就业趋势》任务书Ⅱ

班别 _____ 组别 _____ 完成时间 _____

任务	任务要求	组员	任务分工	得分
把握职业院校毕业生就业趋势	根据任务书Ⅰ的分析结果,了解国家的人才需求和培养方向,把握职业院校毕业生就业趋势	组长	统筹全组工作	
		演讲能手	代表小组发言	
		情报专家	负责使用手机在网上收集资料	
		监督专员	监督并协助情报专家收集资料	
		书记员	文字记录及资料整理	
列举收集到的国家对人才尤其是技能人才的需求和培养方向	1. 技能人才需求状况: 2. 技能人才培养目标:			
师生总结				

任务三 任务描述

按照既定的分组,各小组成员收集当前国家针对就业制定的相关政策,完成任务书Ⅲ。

《把握当前国家就业政策》任务书Ⅲ

班别_____ 组别_____ 完成时间_____

任务	任务要求	组员	任务分工	得分
了解当前国家就业政策	利用网络搜索当前国家针对就业制定的相关政策	组长	统筹全组工作	
		演讲能手	代表小组发言	
		情报专家	负责使用手机在网上收集资料	
		监督专员	监督并协助情报专家收集资料	
		书记员	文字记录及资料整理	
列举收集的当前国家针对就业制定的相关政策法规				
师生总结				

知识点一：就业现状分析

目前，中国劳动力供求总量矛盾和就业结构性矛盾并存，城镇就业压力加大和农村富余劳动力向非农领域转移速度加快同时出现，新成长劳动力就业和失业人员再就业问题相互交织。劳动力需求是一种派生需求，扩大就业最根本的还是要靠经济发展。

1. 全国劳动力人口不断增加

人口结构变化对中国经济的影响正在逐步显性化，近年来劳动年龄人口数量和质量的"双变"对产业结构升级转型的重要性更加凸显。据国家统计局数据显示，2016年全国劳动力人口总数达8.07亿人，与2015年相比增长了0.85%。整体看来，我国劳动力人数正处于稳步增长阶段，2012年全国劳动力人口数量为7.89亿人，2012—2016五年间，共增长了1 800万人，增长率达2.28%。

2. 就业形势趋于向好发展，逐步向第三产业转移

2016年全国就业人员合计7.76亿人，2012—2016年间就业人数增长较为缓慢，五年间共增加了899万人就业。随着经济发展和人均国民收入水平的提高，劳动力存在着首先由第一产业向第二产业转移、然后再向第三产业转移的趋势。这一发现揭示了产业结构的演进规律，即随着工业化的发展，第一产业在国民经济中占有的支配地位逐步让位于第二产业，然后再让位于第三产业。按照2010—2016年间全国就业产业分布情况来看，第三产业就业人数不断攀升，第一、第二产业就业人数呈现下降趋势。这说明我国就业人员正逐步从第一、第二产业向第三产业转移，也进一步彰显我国服务业的快速发展。

3. 城镇失业人数继续攀升，失业率有所下降

在我国就业压力稍缓的同时，也应注意到全国失业情况也不容小觑。最近几年，中国经济进入新常态后增速放缓，但就业不降反增。具体而言，登记失业率和调查失业率都处于下降的态势。此外，城镇新增就业人数也在增加。2010—2016年全国城镇

登记失业人数不断增加，到2016年全国共有982万城镇失业人口，比2010年增长了65万人。整体来看，近几年我国城镇登记失业率有所下降，但仍需进一步改善。

4. 2017年就业数据显示

2017年就业情况主要有两个特点：一是就业总量压力仍然较大，在城镇就业的新成长劳动力在1 500万人以上，其中高校毕业生795万，达到历史高位，已经占到了新成长劳动力的一半以上。此外，还有新转移的农村劳动力300多万人，也需要在城镇有一定的就业空间。二是结构性就业矛盾更加突出。产业转型升级、技术进步所需的高层次和技能人才缺乏，一线员工也不好招，这是长期存在的问题。另一方面，大龄低技能劳动者和部分高校毕业生就业更加困难，结构性和摩擦性失业增多，化解产能过剩职工安置任务也十分繁重。

知识点二：国家未来人才发展规划

人才是指具有一定的专业知识或专门技能，进行创造性劳动并对社会做出贡献的人，是人力资源中能力和素质较高的劳动者。人才是我国经济社会发展的第一资源。

《国家中长期人才发展规划纲要》（2010—2020）（以下简称纲要）提出，到2020年，我国人才发展的总体目标是：培养和造就规模宏大、结构优化、布局合理、素质优良的人才队伍，确立国家人才竞争比较优势，进入世界人才强国行列，为在本世纪中叶基本实现社会主义现代化奠定人才基础。

——人才资源总量稳步增长，队伍规模不断壮大。人才资源总量从现在的1.14亿人增加到1.8亿人，增长58%，人才资源占人力资源总量的比重提高到16%，基本满足经济社会发展需要。

——人才素质大幅度提高，结构进一步优化。主要劳动年龄人口受过高等教育的比例达到20%，每万劳动力中研发人员达到43人年，高技能人才占技能劳动者的比例达到28%。人才的分布和层次、类型、性别等结构趋于合理。

——人才竞争比较优势明显增强，竞争力不断提升。人才规模效益显著提高。在装备制造、信息、生物技术、新材料、航空航天、海洋、金融财会、生态环境保护、新能源、农业科技、宣传思想文化等经济社会发展重点领域，建成一批人才高地。

——人才使用效能明显提高。人才发展体制机制创新取得突破性进展,人才辈出、人尽其才的环境基本形成。人力资本投资占国内生产总值比例达到15%,人力资本对经济增长贡献率达到33%,人才贡献率达到35%。

国家人才发展主要指标

指　　标	2008年	2015年	2020年
人才资源总量/万人	11 385	15 625	18 025
每万劳动力中研发人员（人年/万人）	24.8	33	43
高技能人才占技能劳动者比例（%）	24.4	27	28
主要劳动年龄人口受过高等教育的比例（%）	9.2	15	20
人力资本投资占国内生产总值比例（%）	10.75	13	15
人才贡献率（%）	18.9	32	35

注：人才贡献率数据为区间年均值，其中2008年数据为1978—2008年的平均值，2015年数据为2008—2015年的平均值，2020年数据为2008—2020年的平均值。

1. 关于专业技术人才队伍的建设

发展目标：适应社会主义现代化建设的需要，以提高专业水平和创新能力为核心，以高层次人才和紧缺人才为重点，打造一支宏大的高素质专业技术人才队伍。到2015年，专业技术人才总量达到6 800万人。到2020年，专业技术人才总量达到7 500万人，占从业人员的10%左右，高级、中级、初级专业技术人才比例为10∶40∶50。

主要举措：进一步扩大专业技术人才队伍培养规模，提高专业技术人才创新能力。构建分层分类的专业技术人才继续教育体系，加快实施专业技术人才知识更新工程。进一步实施并完善新世纪百千万人才工程。组织实施青年英才开发计划、高素质教育人才培养工程、文化名家工程、全民健康卫生人才保障工程。加大现代物流、电子商务、法律、咨询、会计、工业设计、知识产权、食品安全、旅游等现代服务业人才培养开发力度，重视传统服务业各类技术人才的培养。发挥各类社会组织培养专业技术人才的作用。制定双向挂职、短期工作、项目合作等灵活多样的人才柔性流动政策，引导党政机关、科研院所和高等学校专业技术人才向企业、社会组织和基层一线有序流动，促进专业技术人才合理分布。统筹推进专业技术职称和职业资格制度改革。完善政府特殊津贴制度，强化激励，科学管理。改进专业技术人才收入分配等激励办法。改善基层专业技术人才工作、生活条件，拓展职业发展空间。注重发挥离退休专业技术人才的作用。

2. 关于高技能人才队伍的建设

发展目标：适应走新型工业化道路和产业结构优化升级的要求，以提升职业素质和职业技能为核心，以技师和高级技师为重点，形成一支门类齐全、技艺精湛的高技能人才队伍。到2015年，高技能人才总量达到3 400万人。到2020年，高技能人才总量达到3 900万人，其中技师、高级技师达到1 000万人。

主要举措：完善以企业为主体、职业院校为基础，学校教育与企业培养紧密联系、政府推动与社会支持相结合的高技能人才培养培训体系。加强职业培训，统筹职业教育发展，整合利用现有各类职业教育培训资源，依托大型骨干企业（集团）、重点职业院校和培训机构，建设一批示范性国家级高技能人才培养基地和公共实训基地。改革职业教育办学模式，大力推行校企合作、工学结合和顶岗实习。加强职业教育"双师型"教师队伍建设。在职业教育中推行学历证书和职业资格证书"双证书"制度。逐步实行中等职业教育免费和学生生活补助制度。实施国家高技能人才振兴计划。促进技能人才评价多元化。制定高技能人才与工程技术人才职业发展贯通办法。建立高技能人才绝技绝活代际传承机制。广泛开展各种形式的职业技能竞赛和岗位练兵活动。完善国家高技能人才评选表彰制度，进一步提高高技能人才经济待遇和社会地位。

知识点三：国家就业政策法规

国家关于就业的政策法规主要包括：《中华人民共和国就业促进法》《中华人民共和国劳动法》《中华人民共和国劳动合同法》《中华人民共和国劳动合同法实施条例》《中华人民共和国劳动争议调解仲裁法》《中华人民共和国社会保险法》《中华人民共和国职业教育法》等。

专题一 认清就业形势

一、... 二、... 三、... **四、任务巩固** 五、...

1. 轻松一刻

围绕"就业与创业""职业教育""工匠精神""技能成才""中国制造与中国创造"五个主题即兴演讲。(学生可自选其中一个主题)

2. 我思我想

同学们是否想过这样一个问题：面对就业压力，是否考虑过"先就业后择业"或者创业？谈一谈你的想法。

一、... 二、... 三、... 四、... 五、任务反馈

1. 通过本节课的学习，你能概括国家就业形势和职业院校毕业生就业去向吗？并请从自身的角度出发思考一下，你打算如何把握当前局势，并制订就业计划。

_____
_____
_____
_____
_____
_____

2. 请独立填写学习前后对照表。

_____

知识点	学习前	学习后
我所了解的就业形势		
我所了解的国家就业政策		

项目二 因地制宜，关注区域的就业形势

 一、任务布置 二、… 三、… 四、… 五、…

情景案例

搭建急需紧缺人才需求信息平台

据了解，为了贯彻某省"人才强省"的目标，打造人才信息平台一体化，实施地区人才配置合理化，推动人才工作的科学化，及时准确地掌握全省各用人单位对紧缺急需人才需求情况，促进人才资源的有效开发和合理配置，该省搭建了"全省急需紧缺人才需求信息平台"。根据平台统计数据显示，截至2014年11月，全省21个地级市共有1 000多家企业，8 000多条岗位信息在人才网与求职者进行人岗匹配；该省急需紧缺人才35 195人，珠三角地区急需紧缺人才需求率高达60%以上；急需紧缺行业主要集中在经营/管理、销售/业务类、文体教育类、机械/机电/仪表类、计算机专业人员、市场类等。

思考：假设你选择在该省就业，你认为整体就业形势会给你带来哪些影响？

知识目标：1. 了解所在省的产业集群分布概况。
2. 了解职业院校的学生就业形势。
3. 学生能够利用网络有效查询就业信息、学会分析就业形势。
4. 重视个人就业问题，确立目标，有针对性地提升就业力。

二、任务实施

任务一 任务描述

根据自己的理解，通过查阅资料、网络搜索等方式，谈谈自己所在省市产业分布概况，完成任务书Ⅰ。

《所在省市产业分布概况》任务书Ⅰ

班别 _____　　组别 _____　　完成时间 _____

任务	任务要求	组员	任务分工	得分
了解所在省市的产业分布概况	通过查阅资料、网络搜索等方式，谈谈广东产业分布概况	组长	统筹全组工作	
		演讲高手	代表小组发言	
		"精明眼" A	查阅资料、网络搜索，进行总结	
		"精明眼" B	查阅资料、网络搜索，进行总结	
		"精明眼" C	查阅资料、网络搜索，进行总结	
		书记员	文字记录及资料整理	
在查阅资料、网络搜索时，利用的关键词有哪些				
将你所查阅、搜索到的资料进行总结概括				
师生总结				

专题一　认清就业形势

任务二　任务描述

　　了解自己所在省市职业院校学生就业趋势，查询自己所在省市职业院校学生最新就业情况，完成任务书Ⅱ。

《职业院校学生就业趋势》任务书Ⅱ

班别 _____　　组别 _____　　完成时间 _____

任务	任务要求	组员	任务分工	得分
了解职业院校学生就业趋势，查询最新就业情况	通过所见所闻、资料查询等，谈谈职业院校学生就业趋势如何，职业院校学生最新就业情况怎么样	组长	统筹全组工作	
		演讲能手	代表小组发言	
		书记员	文字记录及资料整理	
谈谈你对职业院校学生就业趋势的看法	1. 培养机制： 2. 就业形势： 3. 政策引导： ……			
职业院校学生目前的就业情况怎么样	1. 就业形势好坏： 2. 就业率如何： 3. 专业对口情况： 4. 市场需求与职业院校人才供应之间的缺口： 5. 相关政策：			
师生总结				

任务三 任务描述

分析"我"期望中的就业区域、就业行业等的就业形势如何，完成任务书Ⅲ。

《"我"对就业形势的分析》任务书Ⅲ

班别 _____ 组别 _____ 完成时间 _____

任务	任务要求	组员	任务分工	得分
"我"期望中的就业区域、就业行业等的就业形势如何	通过网络搜索、"走亲访友"等方式，分析"我"期望中的就业区域、就业行业等的就业形势	组长	统筹全组工作	
		演讲能手	代表小组发言	
		情报专家	寻找相关资料	
		监督专员	监督并协助情报专家收集信息	
		书记员	文字记录及资料整理	
"我"对以上选择区域、行业内的就业形势的分析	（提示：可以从该地该行业的分布情况、企业数量、人才需求条件、人才需求量等方面着手分析）			
师生总结				

知识点一：战略性新兴产业重点领域分布概况

战略性新兴产业重点领域分布概况如下。

信息技术领域：形成珠三角、长三角、环渤海、部分中西部地区四大信息产业集聚区。

生物领域：长三角、环渤海地区占据主导，珠三角、东北等地区快速发展的空间布局初步成型，中西部地区呈现多元化发展模式，成渝经济圈、长吉图地区、长株潭地区和武汉城市群聚集区医药成果转化、疫苗生产、制剂研发等细分行业领域发展迅速。

节能环保领域：主要集中在环渤海、长江经济带和珠三角三大区域，江苏、浙江、山东、广东、上海、北京、天津等省市的节能环保产值占全国的50%以上。

高端装备制造领域：集中在北京、河北、辽宁和山东等环渤海地区和以上海、江苏和浙江为核心的长三角两大集聚区，同时四川、陕西、湖南和山西等部分中西部地区的高端装备制造业也呈现快速发展的态势。

新材料领域：产业"东部沿海集聚，中西部特色发展"的空间布局框架拉开。其中，西部地区主要从事原材料生产，环渤海地区聚焦于研发，东部及中部地区主要承担原材料加工，长三角、珠三角主要承担下游应用与销售。

新能源领域：初步形成了以环渤海区域、长三角区域等为核心的东部沿海新能源产业集聚区，在中西部的一些区域，如江西、河南、四川、内蒙古、新疆等省区，新能源产业发展态势良好，形成了中西部新能源产业集聚区。

新能源汽车领域：初步形成了以深圳和广州为核心的珠三角新能源汽车集聚区，江苏、上海、浙江等凭借雄厚的产业基础和科技资源形成长三角集聚区，北京、河北等地为核心的环渤海集聚区，以及陕西和四川为核心的中西部集聚区。

数字创意领域：初步形成六大数字文化创意产业聚集区，包括首都数字文化创意集聚区，以上海、杭州、苏州、南京为核心的长三角集聚区，以广州、深圳为代表的珠三角集聚区，以昆明、丽江和三亚为代表的南部集聚区，以重庆、成都、西安为代表的川陕集聚区，以武汉、长沙为代表的中部集聚区。

职业院校学生可结合专业与兴趣，选择相应的领域与地区就业。

知识点二：就业形势

近年来职业院校发展迅猛，招生异常火爆，原因是多方面的：一方面，在工业化中后期，产业发展对技能人才有拉升的需求，技能人才在市场很吃香，特别是高技能人才，供给远远满足不了市场需求；另一方面，职业院校注重技能、注重实操训练、注重校企对接的办学模式迎合了市场需要，培养出来的学生技术熟练，动手能力强，同时又熟悉生产企业的环境，能够很快适应生产企业的需要，因而广受企业欢迎。

知识点三：着力培养高技能人才，助推产业转型升级

制造业是转型升级和创新驱动发展的关键所在，特别在《中国制造2025》出台后，制造业发展迎来重大机遇也面临重要挑战。在制造业发展战略由大转强的历史关口，人才特别是在生产研发一线具备精湛技能的高级技能人才的价值更为凸显。

较大的高技能人才缺口，企业用工荒、用工难的问题依然存在，源于经济发展态势良好，人才需求量大、人才竞争激烈，但更重要的还是人才培养跟不上人才需求的速度，特别随着经济结构调整、企业创新步伐加快，高新技术企业不断增加，对于高技能人才的数量和质量都提出了更高要求。

知识点四：查询网址参考

（1）"×××人力资源和社会保障×"的相关网址。
（2）"×××人才市场"的相关网址，如南方人才市场www.job168.com。
（3）人才职业网、就业专题网、中华专才网等。

专题一　认清就业形势

一、…　　二、…　　三、…　　**四、任务巩固**　　五、…

1. 轻松一刻

根据自身的职业兴趣与专业学习情况，了解就业的产业集群分布地区，选择合适的就业地点。

2. 我思我想

同学们，通过本节的学习，你对当前职业院校学生的就业形势有一定认识了吗？你将如何确定你的就业目标？

一、　　　　二、　　　　三、　　　　四、　　　　**五、任务反馈**

1. 我来做"未来预言家"

项目	×专业技能人才	区域	需求增长或降低	我的依据
我预言				
我预言				
我预言				
我预言				

2. 同学们，虽然目前职业院校学生的就业率较高，但是这并不代表你来到这里可以不学无术便顺利就业，所以，如何利用学校、企业、社会为你提供的有利条件，发展自我，成为合格的技能人才是每一位学生不得不思考的问题，你要如何做呢？

_____
_____
_____
_____
_____

项目三　正视自我，发挥个人的就业优势

一、任务布置  二、… 　三、… 　四、… 　五、…

情景案例

处事腼腆丢"饭碗"

　　××公司招聘前台，毕业生A毕恭毕敬地递上了自己的简历。负责招聘的人员看罢，对这名学生的各科成绩和在校表现均十分满意，但与他交谈了一会儿后，便婉言请这名学生"另谋高就"。"30分钟里，这个小伙子只对我说了3句话，其余时间都是我在介绍公司的情况。"招聘人员认为，这名学生在对外交往中过于腼腆、被动，欠缺一定的语言表达能力、沟通能力，容易给人留下自卑的印象。

　　而另一名毕业生B，仅凭一份简历和不到十分钟的介绍，便获得了招聘人员的青睐。招聘人员表示，这名学生在交谈中很有分寸地把握着话语主动权，说话虽不多，却很清楚地介绍了自己的优点和经历，同时他的各科成绩也不错，录用他基本没什么问题了。

思考：A和B的求职经历给你的启示是什么？

用成果证明能力

小刘是2009年毕业的市场营销专业大专生,毕业时她选择了某家电销售公司的销售岗位作为自己求职的目标。为了顺利应聘,她决定利用招聘会前的一周时间,为那家公司拿出一份市场调研报告。在接下来的几天里,她对该公司所有的产品做了细致的市场调查,从市场份额、产品到竞争对手等各方面的情况都了解得清清楚楚,拿出了一份有分量的市场调研报告,最后在招聘会上击败了众多学历高于她的竞聘者,被公司录用。

思考:小刘的求职经历给了你什么启示?假如你是小刘,你认为你还有哪些就业优势?如何打败对手?

知识目标: 1. 正视自我,分析个人就业优势与不足。
2. 有针对性改进不足。
3. 能够积极充分地发挥个人优势、自信求职。

专题一　认清就业形势

一、…　　二、任务实施　　三、…　　四、…　　五、…

任务一　任务描述

通过思考，客观认识自己，盘点自我，完成任务书Ⅰ。

《盘点自我》任务书Ⅰ

班别 _____　　组别 _____　　完成时间 _____

任务	任务要求	组员	任务分工	得分
通过思考，客观认识自己，盘点自我，小组成员之间相互盘点	通过盘点自我及组员之间相互盘点，找出自我的就业优势及存在的不足	组长	统筹全组工作	
		演讲高手	代表小组发言	
		书记员	文字记录及资料整理	
我的就业优势	1. 我具备的专业技能： 2. 我所考取的技能或职业资格证书： 3. 我所掌握的理论知识： 4. 我具备的职业信念： 5. 我的其他方面的能力：			
我的不足之处	1. 2. 3.			
师生总结				

023

任务二 任务描述

讨论如何改进存在的不足,完成任务书Ⅱ。

《改进不足,我能行》任务书Ⅱ

班别_____ 组别_____ 完成时间_____

任务	任务要求	组员	任务分工	得分
针对任务Ⅰ中的就业劣势进行讨论,寻找改进方法	通过小组讨论,同学、朋友之间相互学习、支招,寻找改进就业劣势的方法	组长	统筹全组工作	
		演讲能手	代表小组发言	
		书记员	文字记录及资料整理	
我自己想到的办法有哪些				
他人提供的意见或方法有哪些				
我决定如何改进不足				
师生总结				

专题一　认清就业形势

任务三 任务描述

发挥个人就业优势的做法有哪些？通过网络搜索、个人思考、他人建议等方法寻找答案，完成任务书Ⅲ。

《如何发挥个人优势》任务书Ⅲ

班别＿＿＿＿　组别＿＿＿＿　完成时间＿＿＿＿

任务	任务要求	组员		任务分工	得分
思考发挥个人就业优势的做法有哪些	通过网络搜索、个人思考、他人建议等方法寻找发挥个人就业优势的做法	组长		统筹全组工作	
		演讲能手		代表小组发言	
		情报专家		寻找相关资料	
		监督专员		监督并协助情报专家收集信息	
		书记员		文字记录及资料整理	
发挥个人的就业优势的方法					
如何利用其他与"我"相关的有利条件					
师生总结					

025

一、... 二、... 三、任务解决 四、... 五、...

知识点一：如何自我盘点

作为即将毕业走向社会的学生，此时此刻不是对"我喜欢或者不喜欢什么""我的偶像是谁"等问题进行盘点的时候，而应对在面向社会，走向工作岗位时"我具备什么样的能力""我能做什么""我有哪些竞争优势"等现实问题进行盘点。通过盘点，发现"人无我有""人有我优"的就业优势和"人有我无"的不足之处。那么，该如何进行自我盘点呢？以下建议可供参考：

（1）进行职业能力测试，客观科学认识自我。

（2）对个人的专业能力、一般能力、综合能力进行评价。

（3）对自己的学业成绩、技能等级、实操情况等进行综合分析。

（4）通过"他人眼中的我""自以为是的我"找出优、劣势等给自己以综合评定。

（5）对照目标行业的目标岗位用人标准进行自我剖析和盘点。

知识点二：改进不足的方法

人无完人，每个人都有弱点和缺陷。在求职时，这些弱点和缺陷就会转化成劣势，成为求职障碍。尽管如此，带着劣势求职并非意味着失败，只要善于另辟蹊径，用长处弥补短处，求职就能突破重围，关键看你有没有勇气和良好的心理素质。

（1）专业劣势用技能弥补。

（2）学历劣势用自信弥补。

（3）健康劣势用特长弥补。

（4）性格劣势用场合弥补。

知识点三：发挥个人的就业优势

（一）职业院校学生就业的优势

职业教育面向市场，有很明确的市场定向，从招生开始，就已考虑了今后的就业市场情况，有针对性地招生，这就为同学们在激烈的人才竞争中选择好了一个生存空间。

职业院校毕业生是受过良好的专业技术教育而又具有较强的动手能力的人才，在人才市场中有一定的竞争能力。

企业对人才需求的认识日趋成熟，已不再像过去那样盲目追求高学历或盲目追求低工资，而是根据企业不同层次的岗位选择不同层次的人才。

国家经济发展方式的转变、政策引导与支持，对职业教育的日趋重视，市场需求不断扩大，为职业院校学生就业提供了更多的岗位。

（二）发挥个人就业优势的方法

（1）培养良好的就业心态。

（2）做好就业信息的准备。

（3）完善个人求职材料。

（4）掌握必要的面试技巧。

（5）学会展示个人的能力。

（6）具备一定的创新意识。

四、任务巩固

1. 轻松一刻

我的职业家族树

你知道家族中的成员都从事什么工作吗？你对他们的工作有什么看法呢？让我们用家族树来帮助你了解家人对你的职业期待以及你的自我期许究竟与家族职业有哪些关系。

首先，请你将家庭中的亲属及他（她）的职业填写在下面的家族树上。

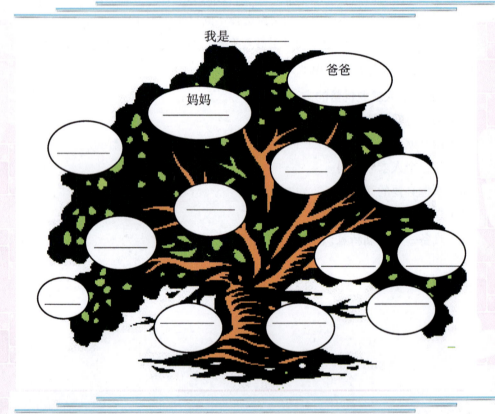

2. 我思我想

家族树

填好了吗？完成后，请对照下面列出来的问题，把答案填写在空格中。

◎ 我的家族中最多人从事的职业是：＿＿＿＿＿＿＿＿＿＿＿＿＿＿＿

专题一 认清就业形势

　　我想要从事这种职业吗？为什么？_____
_____

　◎ 爸爸如何形容他的职业？爸爸平时会提到哪些职业？他对这些职业持何种看法？_____
_____

　　爸爸的想法对我的影响是：_____

　◎ 妈妈如何形容她的职业？妈妈平时会提到哪些职业？她对这些职业持何种看法？_____
_____

　　妈妈的想法对我的影响是：_____

　◎ 家族中还有谁对职业的想法对我影响深刻？他们是怎么说的？_____
_____

　◎ 家族中对彼此感到满意或羡慕的职业是什么？例如：堂哥在医院当医生，不仅收入高，社会地位又高……

　　家族彼此羡慕的职业是：_____

　　对他们的想法我觉得：_____

　◎ 我觉得家人对我未来选择职业的影响是：_____
_____

　◎ 家人对各职业的评价往往表现了他们的好恶，例如：千万不要当艺术家，可能连三餐都吃不饱；当医生好，不仅收入高，社会地位又高……

　　我的家人最常提到有关职业的事是：_____

　　对我的影响是：_____
_____

◎哪些职业是我绝不考虑的：_____

◎哪些职业是我考虑过的：_____

◎选择职业时，我还考虑哪些条件：_____
_____

029

一、… 二、… 三、… 四、… **五、任务反馈**

1. 请用文图的形式来展示本项目的知识点。

2. 同学们，正视自我，扬长避短，充分发挥个人就业优势才能助你成功就业，那么你为就业做了哪些准备？

_____
_____
_____
_____
_____
_____
_____
_____
_____
_____
_____
_____

专题一　认清就业形势

选择职业就是选择自己的未来，
谋求职业就是谋求人生的价值。
充分了解处境，分析形势，
充实自我，武装自己，
才能成为一名优秀的职海水手，
才能获得自己心仪的职业。

专题二
拓宽就业渠道

证书繁多学历低，
自我感觉不美好，
向往城市大公司，
奈何人多岗位少，
眼高手低无处诉，
怎一个愁字了得？

项目一 弃旧迎新，树立正确的就业观念

一、任务布置 二、… 三、… 四、… 五、…

情景案例

就业路上的"破茧之痛"

一只毛毛虫，经过阵痛，终于破茧而出，幻化成一只轻舞飞扬的蝶。

一个求职者，要想取得成功，"化蛹成蝶"，就必须突破自己，挣脱束缚，经历"破茧"之痛。

故事一　心太高了

张小刚，男，19岁。7月份刚一毕业，他父亲的一个朋友办的企业里面招推销人员，他嫌是私企没去；后来，还有两家单位录用了他，一家是企业，一家是学校，他不是嫌专业不对口，就是嫌工资低，都没有去。11月份以后，他发现工作越来越难找，尽管在不停地找，但因为一直没有降低求职标准，所以找来找去还是没有找到合适的。从毕业到过年，他不仅没挣到一分钱，还花掉了父母给的4 000多元。过完年，他离家的时候，父亲又塞给他2 000元，说了一句："娃，工作差不多就行了，不要心太高。"刹那间，他有一种想哭的感觉，开始反思，是不是自己的就业观真的有问题？

> **思考：** 张小刚毕业后找工作时持一种什么样的就业观？

专题二　拓宽就业渠道

故事二　找"铁饭碗"

董明，男，19岁，两次就业经历，目前失业。开始是比较幸运的，毕业前就被一所中学录用，但因为是聘用制，解决不了编制，他干了一年后就辞职了。后来，他父亲托关系把他介绍到一家事业单位干临时工，每月只有500元，说是将来有可能转为正式编制。但是，干了快一年半了，转正没有丝毫希望。朋友经常开玩笑说："都什么年代了，你怎么还是一个死脑筋，在你找到'铁饭碗'之前，恐怕你都要饿死了！"年前，他辞掉工作，去原来工作的学校打听，校长说："现在没有空缺。"

> **思考**：如果你是董明，毕业后想去哪里工作？做什么样的工作？你是以什么为标准来进行择业的？面对就业，应树立什么样的就业观念？

知识目标：1．明确新旧就业观念的差距，更新就业观念。
2．树立正确的就业观念，做好就业的各项准备。

二、任务实施

任务一 任务描述

按照既定的分组,各小组成员分工协作,根据自己的理解概括出就业观念的概念,搜索资料分别说明新旧就业观念的区别,完成任务书Ⅰ。

《比较新旧就业观念》任务书Ⅰ

班别_____ 组别_____ 完成时间_____

任务	任务要求	组员	任务分工	得分
了解就业观念	以图文的方式展示就业观念的概念	组长	统筹全组工作	
		演讲能手	代表小组发言	
		情报专家	负责使用手机在网上收集资料	
		监督专员	监督并协助情报专家收集资料	
		书记员	文字记录及资料整理	
就业观念的概念(文字表述)				
新旧就业观念的比较		旧的就业观	新的就业观	
思考		生活中存在"有人没活干,有活没人干"的现象,原因在哪里	谈谈你对"行行出状元"的看法	
师生总结				

036

专题二 拓宽就业渠道

任务二 任务描述

搜索资料说明影响就业的八大观念和当前职业院校学生的职业观的特点,完成任务书Ⅱ。

《影响就业观念的因素》任务书Ⅱ

班别 _____ 组别 _____ 完成时间 _____

任务	任务要求	组员	任务分工	得分
说明影响就业的八大观念和职校生就业观的特点	搜集资料说明影响就业观念的因素并举例说明职校生就业观的特点	组长	统筹全组工作	
		演讲能手	代表小组发言	
		情报专家	负责使用手机在网上收集资料	
		监督专员	监督并协助情报专家收集资料	
		书记员	文字记录及资料整理	
影响就业的八大观念				
列举说明职校生就业观的特点				
师生总结				

037

任务三 任务描述

一起来了解就业观念有哪些，完成任务书Ⅲ。

《树立正确的就业观念》任务书Ⅲ

班别_____ 组别_____ 完成时间_____

任务	任务分解	任务实施
如何树立正确的就业观念	漫画启示录	看一看，说一说
	漫画一	思考并分享： ● 漫画一反映的是什么就业观念？ _____ ● 漫画一反映的就业观念有什么危害？ _____
	● 漫画二反映的是什么就业观念？ _____ ● 漫画二反映的就业观念有什么危害？ _____	漫画二
	漫画三	● 漫画三反映的是什么就业观念？ _____ ● 你从中得到什么启示？ _____

专题二　拓宽就业渠道

（续）

任务	任务分解	任务实施
应树立什么就业观念？	漫画启示录	看一看，说一说
	● 漫画四反映的是什么就业观念？ ● 谈谈你的看法。 ● 你从中得到什么启示？	漫画四
	总结归纳	以上的漫画说明应树立怎样的就业观念？请归纳总结。

三、任务解决

知识点一：就业观念的含义与演变

就业观念的含义：就业观念是指毕业生对就业的根本观点与看法，是他们在一定的世界观、人生观和价值观的指导下，对求职就业的观念、态度、认识、评价及心理倾向，直接指导毕业生的就业活动。

就业观念的演变：十一届三中全会以来的改革开放，不仅促进了我国经济的发展、社会的繁荣，也使我国的就业制度、劳动制度、人事制度发生了前所未有的变化。纵观改革开放以来，我国就业观念的演变大致经历了服从分配、双向选择、自主择业三个阶段。就业观念呈现新的特点，由精英转向大众、从等待机会转向主动争取、从专业对口转向一专多能、从一次就业转向多样化就业。

知识点二：影响就业观念的因素

1. 国家就业政策的影响

现有某些制度限制毕业生的跨区域就业和灵活就业，使得原本能够与就业工作岗位相匹配的毕业生得不到应有的工作岗位。一是管理上的脱节，有些政策悬在空中，没有真正得到落实；二是派遣制度的时间限制压力比较大；三是非国有单位使用毕业生仍然有进人和户口指标的限制；四是毕业生跨省市流动渠道仍然不太畅通。

2. 社会舆论的影响

在社会价值多元化的影响下，毕业生更关注个人价值的实现，更注重个人的选择，这就导致了毕业生过分看重薪酬待遇和工作条件，片面追求舒适安逸，追求去大城市、大企业、热门行业，这些观念直接影响了他们的顺利就业。

3. 学校就业教育的影响

学校教育仍缺乏对学生职业生涯规划的指导，使得毕业生没有一个可供参照的职业选择计划，同时由于对自身的价值、兴趣、个性等问题考虑不成熟，对自身所处内外部环境的把握不够准确，对自己优劣势的分析不到位，往往使毕业生在寻找工作时不知何去何从，容易随波逐流。

4. 自身因素的影响

随着年龄和知识的增长，毕业生的自我意识、自我认知和自我评价能力在不断增强，但还不完全成熟。他们往往不能正视择业过程中的不合理现象，不能正确地评价自己的优势和不足。在就业过程中，一些毕业生期望值过高，不切实际地追求超出本身能力的职业岗位，理想和现实差距较大，失落感不断增强，从而产生自责、自怨、自卑的心理，容易形成心理障碍。

知识点三：树立正确的就业观念

更新就业观念，才能适应社会发展。观念是行动的主导，只有拥有正确的观念和思维方式，才能找到符合自己心愿的工作。走出讲条件、怕吃苦，重待遇、轻发展，图安逸、求稳定的就业误区，树立正确的就业观念，是学生就业的前提和基础。

1. **自强就业观：坚持面向基层、面向一线的基本原则，树立从小事做起、从头做起的就业观念**

随着社会的发展，当前的毕业生多数从小养尊处优，缺乏对社会的认识了解，要教育毕业生根据自己的专业需求、学历层次以及就业起步阶段的特点，正确进行自我定位，从小做起、从头做起，乐于并勇于到中小企业和乡镇街道等基层一线去就业、去工作。

2. **自主就业观：按照先就业、后择业、再创业的就业思路，树立循序渐进、不断发展的就业观念**

毕业生在求职过程中，存在一蹴而就、急于求成的思想，认为既然找工作就要干一辈子，一职定终生，看不到社会需求的变化和产业结构的调整，没有把就业、择业和创业看成一个循序渐进、不断发展的过程。事实上，求职既是不断地认识自己、充实自己、提高就业竞争力的过程，也是对职业特点、岗位要求和从业条件不断深化认识、优化职业目标的过程，更是克服困难、勇于摔打、走向成功，向更高层次发展的过程。这个完整的过程，本身就是一笔不可多得的无形的财富，将影响一个人的一生。

3．自主创业观：要有吃苦精神，树立不怕艰辛、主动创业的就业观念

在就业过程中，要有面对现实、迎接困难、不畏曲折的思想准备。如何找准自己就业的切入口，迈好第一步；如何适应新的环境，处理好人际关系；如何把所学到的知识转化为干好本职工作的能力，有所作为；如何正确对待就业初期的工作生活条件，渡过难关等，这些都是毕业生要考虑的问题。要敢于面对现实，客观地认识困难，不被困难所吓倒；要增强克服困难的信心，把克服困难、战胜困难当作自己"第二次"学习深造，磨炼毅力，锻造不畏艰难困苦的优秀品质；要不断总结克服困难的经验和方法，分清轻重缓急，分类解决。

4．实干就业观：抛弃眼高手低、好高骛远的不实心态，树立脚踏实地、一步一个脚印的就业观念

一些毕业生在就业过程中存在"高不成、低不就"的问题。他们不能正确地估计自己，把自己看得太高、太重，没有充分地认识自己与用工单位之间的差距。因此，必须着眼现实，清除不切合实际的"理想主义"，必须立足当前，要"立长志"，不要"常立志"，把远大的理想目标划分为若干阶段，把握当前，实现近期目标；必须打牢根基，扎扎实实地做好每一项工作，一步一个脚印地前进，力戒浮躁，远离"光环"。

5．竞争就业观：克服依靠家长和社会关系的依赖心理，树立自强自立、敢闯敢干的就业观念

我们处在一个人情与社会关系取向比较明显的社会中。学生毕业不但面临"本领危机"，即知识、技能、本领与就业岗位有相当差距，而且面临"关系危机"，即为能否凭借家庭和社会人际关系找到一份满意工作，感到不安，甚至恐慌。在"关系危机"存在并发生作用的情况下，如何引导毕业生克服依赖心理是就业指导所面临的一个现实课题。克服依赖心理，树立自强自立、敢闯敢干的就业观念是其中非常重要的因素。要自力更生，艰苦创业；大胆探索，开拓创新，做别人想干而不敢干的事情；不怕失败，勇于摔打，做到对目标的专一。

6．积极就业观：消除听天由命、不思进取的传统思想，树立勇于应聘、事在人为的就业观念

有的毕业生在"等、靠、要"的思想支配下，对就业问题缺乏责任感和紧迫感，不是主动地了解就业信息、渠道，而是等家长帮助、靠学校联系，一旦提到就业，就讲条件要待遇。这种对就业问题采取听天由命、不思进取的态度和行为，实质上既表现了思想上的懒惰，又反映了能力上的低下。其根本的问题还是思想认识的问题。有的毕业生认为，就业是家长和学校的事情，联系好就业单位自己就去上班；还有的人认为，再等一等、看一看，也许会有更好的机会；甚至有的存有幻想，"天生我材必有用"，等用工单位找上门，"非我莫属"。事实说明，尽管就业难度在增大，但只要学校、社会，特别是学生本人牢固树立事在人为的思想，发挥主观能动性，不怕竞争，勇于应聘，就一定能够成功就业。

7．多渠道就业观：排除不愿出门、不敢离家的畏难情绪，树立走出去到外面经风雨、见世面的就业观念

在经济不发达或欠发达地区，要提高就业率必须坚持开发本地和外地的两个"就业市场"，在改善本地区就业环境的同时，打通向外地输送毕业生就业的渠道，以缓解本地区就业压力。毕业生不愿出门、不敢离家就业，有主客观两个方面的原因：从客观方面来看，如环境不熟悉，生活有困难等；从主观方面来讲，如怕远离父母、家人，生活不便，在陌生的环境中不敢竞争，害怕竞争等，存在畏难情绪。要帮助毕业生打破一味追求在家门口就业的思想观念，使其勇于走出家门，跨地区就业，走出一条靠自己的胆量和学识的就业之路。

8．动态就业观：打消进正规单位、干体面工作的陈旧观念，树立"行行出状元"的就业观念

社会发展促进了人们思想观念的改变，而思想观念的更新又推动着社会发展。在毕业生就业求职过程中，什么叫正规单位，什么是"体面工作"，用什么标准去划分正规与不正规单位、体面与不体面工作，是否需要用过去的观念和尺度去划分，这本身就是能不能创新、怎样创新的现实问题。有的毕业生在就业过程中，把进正规单位、干体面工作作为自己成功就业的标志。这种传统的、陈旧的观念，与时代发展不相适应，与就业形势不相符合。就业岗位在不断地变化，就业者不能不变。其实，只有通过合理流动，就业者才能找到最适合自己的工作，才能发现最能施展自己才华的岗位。

以上八个方面的就业观念，是从不同的角度和侧面，对学生适应社会发展、树立新的就业观念的强调。它们是相互联系、相互依存、相互渗透的，是一个有机的整体。就业观念的更新，不仅与学生本人的思想水平、觉悟程度、认知能力及心理特征有着紧密的联系，而且涉及社会、学校和家庭各方面。要抓好更新就业观念的主体，使内因发生变化，营造和培育新的就业观念，使学生的就业能力适应社会的发展。

四、任务巩固

1. 课外活动

和全班同学分享一下你的就业观念,秀秀你的就业理念,举办一次小型演讲会。

人之为观念动物

虚假观念产生虚假感情,促生虚假行动,引导虚假生活,因而批判虚假的观念成为一件重要的事情。

人是观念的动物。这话不假,我们谁没有一堆观念?

按理说,我们的观念是由经验培养而来的。我们找工作、跳槽,看到有的职业辛苦挣大钱,有的工作轻松不挣钱,有的职业轻松挣大钱,逐渐形成自己的就业观念。我们的观念,有时基于真情实感,有时只有稀薄的感觉内容,甚至没什么感觉内容。我们小时候,对资本主义有个观念,而且还是相当强烈的观念,虽然根本不知道资本主义是什么样子;现在见到了,有感觉了,才知道资本主义到底是什么样子。

观念的理在于它跟真情实感的联系。观念合乎观念之理,而跟真情实感相联系,我们会说它是有血有肉的观念。没有真情实感的观念,称作抽象观念。总的说来,观念大了,亲知实感的内容就比较稀薄。稀薄到一定程度,观念难免变得空洞、抽象。有的人一脑门子抽象观念。

到现代社会,教育普及了,人人都识字读报读书,也都有自己的思想。从前人们行事须依于习俗,今人行事,则要有上升到一般观念层面的理由。

2. 作业布置

同学们,通过本节课的学习,请从自身的角度出发思考一下,有哪些传统就业观念需要改变?你打算从哪些方面培养自己的就业观念?

_____

_____

_____

_____

专题二　拓宽就业渠道

一、　　　二、　　　三、　　　四、　　　五、任务反馈

请以图表形式呈现本部分内容的概貌。

项目二　主动出击，多渠道开辟就业途径

一、任务布置　　二、……　　三、……　　四、……　　五、……

情景案例

1. 某职校生李明毕业后一直在家里待着，完全不知自己该去干什么，父母让他去找工作，他说不知道怎么找。李明是学汽车专业的，学校推荐的单位不符合他的要求他不愿去，就一直在家等着学校再给他推荐就业，这样等待了很长一段时间，实习期快过了，如果他再找不到一份工作就无法顺利地通过实习考核而毕业。

思考：请你帮李明分析一下，除了学校的推荐还有哪些就业渠道可以提供给他。

专题二 拓宽就业渠道

2．某市毕业生王卜看到某信息咨询有限公司在媒体上刊登的招聘广告后，决定应聘该公司的兼职英文翻译岗位。经过简单面试，王卜交了500元押金和50元信息费，拿到一篇文章回去翻译。过了一个星期交稿时，王卜得到了80元稿费，并又拿到一篇文章回去翻译。再过了两个星期，王卜致电公司准备交稿，可电话怎么也打不通，赶到公司，却发现办公室里黑着灯，问大楼的保安，说该公司已经搬走好几天了，去处不详。这下王卜傻眼了。

思考：请你帮王卜分析一下他遇到了什么问题，该如何做。

知识目标：1．了解就业渠道的各种类型，明确就业的方向。
2．探析自身就业的主动性，寻找更多的就业途径。

一、… 二、任务实施 三、… 四、… 五、…

任务描述

按照既定的分组,各小组成员派代表做"九点游戏",并根据自己的理解说明游戏的寓意与就业有何关系,完成任务书Ⅰ。

《九点游戏与就业渠道》任务书Ⅰ

班别 _____ 组别 _____ 完成时间 _____

任务	任务要求	组员	任务分工	得分
理解就业渠道	教师在黑板上画出九个点,要求学生代表将这九个点用不间断的四条直线连接起来	组长	统筹全组工作	
		演讲能手	代表小组发言	
		情报专家	负责使用手机在网上收集资料	
		监督专员	监督并协助情报专家收集资料	
		书记员	文字记录及资料整理	
	通过以最快速度一笔四条直线连接九个点说明应如何冲破思想束缚找到适合自己的职业	○ ○ ○ ○ ○ ○ ○ ○ ○		
与游戏有关的讨论	● 你们当中有多少人在问题出现几分钟后就放弃了? ● 你们当中有多少人尝试去改变或"歪曲"游戏规则?			
师生总结				

专题二　拓宽就业渠道

 任务描述

搜索资料并分析常见的几种就业渠道，完成任务书Ⅱ。

《了解就业渠道》任务书Ⅱ

班别 _____　组别 _____　完成时间 _____

任务	任务要求	组员	任务分工	得分
说明就业渠道的种类	小组讨论列举你了解到的就业渠道有哪些并说明各个渠道的优缺点	组长	统筹全组工作	
		演讲能手	代表小组发言	
		情报专家	负责使用手机在网上收集资料	
		监督专员	监督并协助情报专家收集资料	
		书记员	文字记录及资料整理	
列举你所了解的各种就业渠道		渠道一	渠道二	渠道三
	名称			
	分析优缺点			
师生总结				

任务三 任务描述

按照既定的分组，各小组成员分工协作。诊断自己的"主动性"，把你的看法写出来，完成任务书Ⅲ。

《诊断"主动性"》任务书Ⅲ

班别 _____ 组别 _____ 完成时间 _____

听听以下员工的心里话，请你做出判断，把你对此的看法写在横线上。

1. 我做好本职工作就万事大吉了，至于办公室的清洁，那是清洁工的事。
___
___
___

2. 我认为公司的会议开得时间过长，降低了工作效率，可以长话短说的却有人滔滔不绝。我认为这可以改进，我打算明天向我的经理提建议。
___
___
___

3. 我勤勤恳恳工作那么多年，怎么就比不上一个刚毕业的学生，他来到公司没多久，就喜欢给老板提意见，一点都不懂安身立命的"中庸之道"。可老板就偏偏提拔他，真憋气！
___
___
___

4. 人家怎么说，我就怎么做好了。我才不愿当这个项目小组的头儿呢，官不大还累死人。都说做得多错得多，我何必辛苦自己得罪别人。
___
___
___

5. 客户部来了几个客人，不过现在客户部的同事都外出了。他们就那么傻等着，看起来真可笑。不过这不关我的事，我是人事部的，各家自扫门前雪，我不过去招呼一下也没什么不对。
___
___
___

专题二　拓宽就业渠道

任务四 任务描述

独自理解下表中的图形，分析选择就业渠道时应注意哪些问题，完成任务书Ⅳ。

《就业渠道陷阱》任务书Ⅳ

班别 _____　　组别 _____　　完成时间 _____

任务	任务要求	组员	任务分工	得分
理解就业信息与实际的不同	教师用投影仪出示两条硬纸片，要求学生比较左右两边纸片的长度是否相同	组长	统筹全组工作	
		演讲能手	代表小组发言	
		情报专家	负责使用手机在网上收集资料	
		监督专员	监督并协助情报专家收集资料	
		书记员	文字记录及资料整理	
通过投影仪比较两条硬纸片的长度，说说如何辨别就业信息的真伪				
与游戏有关的交流				
师生总结				

051

三、任务解决

知识点一：常见的就业渠道及其特点

就业，不仅取决于个人的能力，还取决于就业信息的掌握。古人云：凡言职者，谓其善听也。也就是说，凡是想求职的人，都应该善于收集有关的信息。一个人如果掌握了大量信息，他的就业视野就会广阔，就能争得主动权，不失时机地选择适合自己的位置。

目前常见的信息渠道主要有以下几种。

（1）校内专场招聘会：是毕业生了解信息、成功择业的主要平台。

校内专场招聘会的常见形式为某大企业独立组织的招聘，或多个企业同时组成一个专场集中招聘。它由校方与招聘方沟通协商合力组织，具有更强的目的性、针对性，不需要入场费。

（2）学校就业指导中心：获取的就业信息有效且可靠。

（3）互联网：方便快捷，信息新且全，覆盖面广。专业求职网站如前程无忧、智联招聘、中华英才网、中国人才热线、应届生求职网等。

（4）各人才交流中心发布的就业信息及现场招聘会：各地都有自己的人才交流中心，一般有网上就业信息公布和现场招聘会、委托招聘等形式。可先从其网页了解招聘会信息，如招聘单位、拟招聘职位、时间、地点及相关事项，再到现场投简历、面试。

（5）实习及社会实践活动：成功率较高。实习及各类实践活动使毕业生与用人单位直接接触，一方面使用人单位对学生有所认识和了解；另一方面，可使学生对用人单位、择业范围有更深的认识。

（6）广泛的社会关系：人际关系网络是毕业生进入就业市场、寻找就业机会的理想途径。

所谓利用关系网，就是通过熟人、亲朋邻居等有关人员，以获得职位空缺的信息。通过这种渠道获得的信息一般比较具体，成功率比较高。

（7）通过"自荐"获取就业信息：一般毕业生可在国家就业方针和政策的指导下，在学校允许择业的范围内，通过信函、电话、登门拜访等"自荐"的方式与用人单位联系，有目的、有计划地获取自己想要的就业信息。

（8）报纸、期刊：毕业生可以从各城市报纸刊登的招聘广告获取就业信息，或者是通过职业介绍机构等渠道获取就业信息，也可以走自主创业之路、报考公务员、参军、留学等，通过各种就业渠道多了解就业信息，有助于毕业生更顺利地找到合适的职业。

知识点二：就业渠道的注意问题

（一）就业信息的质量

在拓宽就业渠道时，要注意信息的质量，即信息的精确性、全面性和及时性。就业信息的精确性指信息的真实性和可靠性，这是信息搜集的前提，例如关于招聘企业的性质特点、招聘岗位、招聘人数、对拟招聘人员的素质要求、招聘的时间和地点等信息要求真实、可靠。就业信息的全面性指收集到的信息要广泛、完整，例如当面临在两家招聘企业间做出抉择时，就需要全面、广泛地收集这两家企业的信息以帮助自己做出有效的决策。就业信息的及时性指信息要是最新的，信息的利用价值取决于信息是否能及时提供。从这三方面可以充分衡量所收集到的就业信息的质量，不同的信息渠道直接影响着信息的质量。相对来说，通过校内专场招聘、就业实习和亲属等人脉获得的信息更真实、可靠，通过互联网和报刊等获得的就业信息则需要进行真伪辨别。

（二）注意求职陷阱

就业渠道很多，要主动去收集，但要注意辨别真伪、谨防上当受骗，对于中介机构要了解其营业的正当性，有无合法牌照，防止某些人利用毕业生初涉社会、社会经验不足、求职心切和缺乏自信的弱势心理，设置陷阱引诱求职者上当，以达到其骗取钱财的目的。如有些招聘信息可能会主动发到你的手机上，但信息有真伪，要懂得如何分辨，以免损失时间和金钱。

1. 试用陷阱

以新招人员替代试用期满人员。吴先生应聘某汽车销售服务公司的汽车驾驶员岗位，单位承诺3个月试用期，吴先生被录用后发现，该公司仍在进行汽车驾驶员招聘工作。吴先生按约定工作满3个月，却接到了该公司的辞退通知。

2．培训陷阱

以招聘为名为培训学校拉生源。张小姐在网上应聘某广告公司的档案文员岗位。面试时，公司要求必须先到培训学校参加多媒体作品制作员的培训才有录用的资格。培训结束后，张小姐却被该公司以条件不符合要求等原因而不予录用。

3. 实习陷阱

利用"实习"名义使用廉价劳动力。刘同学想利用暑假增加专业的实践经验，找到某中介公司并交了200元，希望能找到指定企业进行专业实习。当她满怀希望去实习时，却发现公司每天安排给她的仅为一叠又一叠的资料录入打字工作。

4. 收费陷阱

招聘过程巧立名目，收取各类费用。部分人力资源公司或社会中介以网上代理所谓"500强"企业招聘高薪岗位为名吸引求职者前去应聘，向求职者收取报名登记费。

5. 侵权陷阱

以考察为名，无偿占用设计成果。某软件公司招聘一些程序员，应届毕业生小张初试合格后进入笔试阶段。笔试内容为上机编写一段程序。8个求职者，每个人的试题不同，看似8段程序，其实恰巧能整合成一个项目。结果可想而知，8人无一人被该公司录用。

6. 广告陷阱

招聘信息虚假。张小姐看到一则××商贸公司发布的养老金发放员岗位招聘信息，便前去应聘。然而张小姐在面试的过程中发现，该商贸公司实际上招聘的是推销员，并规定其每个月必须完成的业绩。

7. 名称陷阱

招聘名称诱人，实际工作普通。某互动传媒有限公司于2011年10月发布客户服务专员岗位招聘信息，要求不高，待遇相对较好，在很短的时间内便有百余名求职者争相前往应聘。但许多求职者在该公司仅上了几天班便都提出要离开。原来该岗位的具体工作是向大众发送虚假的获奖信息等不法短信息。

8. 保险陷阱

录用当行政文员，进来全当保险代理。方小姐于不久前应聘了某保险公司的行政文员岗位，但面试时公司告知需考取保险执业资格证书，原来此保险公司并不是招聘行政人员，而是通过这样的手段来招揽求职者，就算最后录用，其实质安排的岗位也是保险业务员和营销员。

9. 劳务陷阱

说招聘"合同制"，录用变"劳务工"。某同学近日应聘了××管理服务公司的大楼保洁员岗位，公司在招聘信息中写明工作性质为合同制。谁知在面议的过程中，单位明确表示该岗位只招聘劳务工，不缴纳社会保险金。

10. 推销陷阱

招聘"销售人员"，实为推销、传销人员。"你有信心挑战管理20人的店长吗？"这句话，是某网络通信设备公司的招聘广告。吴女士应聘后发现，所谓"店长"只是一个空头衔，是要在规定时间内寻找20个公司产品代理的下家，并鼓励大家用不菲的价格购买相当数量的产品。

（一）信息大比拼

形式：7～8人。

活动要求：每组在一周内收集就业信息5条。要求信息来源真实可靠，不得杜撰及虚构夸大。比拼哪一个组的信息可用性较强。

过程：

（1）每组用A4纸将每条就业信息按以下顺序打印出来：信息来源、招聘单位、岗位、岗位职责、用工要求、工资及福利待遇、公司地址及相关负责人联系方式。

（2）各小组之间互相进行资料审核，对信息的真实性进行审核。

（3）教师对信息的搜集难易程度、可行性程度做点评。

（4）将质量较高的信息进行点评后张榜公布。

（二）经验积累

1. 非法职介行骗的惯用伎俩

（1）打着咨询公司、顾问公司的旗号，以"直聘"来诱使求职者上当。在报纸、网站上，一些招聘广告明确打出"非中介""拒绝中介"等字眼，但求职者过去应聘，仍要缴纳中介费、培训费、资料费、上岗费等，然后迟迟不能上岗。

（2）用美丽誓言骗取求职者的信任。不少非法职介往往都保证求职者很快能找到工作，"一周内上岗""月薪3 000元以上"等，有些非法职介还拿出"道具"，如某公司"急聘"的职位表、中介服务承诺书等。其目的就是骗求职者掏钱。

（3）与用人单位"勾结"，用虚假、过期信息蒙骗求职者。一些非法职介为了假戏真做，甚至找用人单位做"搭档"，提供过期的或虚假的招聘信息给求职者，然后合伙行骗。一些黑职介的求职信息干脆就是从网上和报纸上摘抄下来的。

2. 如何识别非法职介

目前国家在职业介绍领域实行许可制度，从事职业介绍业务必须经劳动保障部门批准，领取职介许可证。营利性的职介机构还须报工商部门登记。市场上的非法职介有些是无证无照经营，有些是超越经营范围开展职介业务。求职者进职业介绍机构求职时，要提高警惕。碰到那些"一间门面、一张桌子、一部电话"的职介所要格外当心。正规的职介机构通常具备以下特征：在办公场所悬挂营业执照和招工许可证原件；对服务项目、收费标准等一一明码标价；公示劳动监察机关举报受理电话；收费时出具由税务部门监制的发票，且发票上所写收费条目与实际服务项目相符；服务人员持有职业资格证。

3. 求职者看到以下招聘信息要谨慎

（1）贴在电线杆、车站站台、偏僻角落的"牛皮癣""招工信息"。

（2）在大小媒体刊登的"豆腐块"广告，既无中介单位地址，又无确定单位，只有联系电话和联系人，标榜高薪、包食宿而无详细说明。

（3）经营范围与招聘职位明显不符的招聘广告，如某某商务、顾问公司大量招聘驾驶员、缝纫工、文秘等。

4. 三种"注水"招聘方式

（1）招聘岗位名不符实。只缺一人，广告上写5人；面试时承诺月薪5 000元，其实背后有难于登天的条件；招聘岗位名实不符。还有一些单位在招聘会上设展台，为了在现场造声势、树品牌，便虚设岗位，凭空打出"高薪"旗号，把一次小型的招聘策划成大规模的招聘活动，众多求职者争相前去应聘，简历可能转眼间就被扔进垃圾箱。

（2）先购买产品后上岗。一些公司面试后与求职者约定：必须先购买一批产品，在规定期限内将产品全部推销出去，这样才能证明有能力"胜任工作"，否则，则不符合招聘要求，产品费用不退。为了让求职者掏钱购买产品，现场可能会有"资深销售人员"以"月销售10万元"等现身说法，让求职者深信"通过考验即可踏入高薪行列"。

（3）试用期永远不合格。"对不起，经试用期考核，你不合格，被解聘了。"这样的"外交辞令"经常被一些公司使用，而这些公司招聘的新人似乎永远不合格。这类公司在面试后也不与求职者签订任何有效的书面劳动合同，只是口头承诺。而一些求职者因为不懂相关法律法规，也缺乏维权意识，在试用期领着很少的薪水，辛劳了几个月，最后常常被一句话打发走。

"注水"招聘虽然隐蔽，但往往有以下破绽：

（1）招聘广告过于简单，没有岗位职责和应聘条件。

（2）面试极为草率，面试官似乎对你的专业、能力不感兴趣。

（3）刚面试完即被告知录用，但劳动合同却迟迟不签，被录用的职位与原先应聘的职位不符，对方还会提出种种不合理要求。

（4）双方口头、书面约定的合同中有明显的不公平条款。

5. 求职者的维权途径

（1）遭遇非法职介、招聘中收取押金，招聘单位在试用期、劳动合同中存在欺骗行为等，均可向当地劳动监察部门举报。

（2）发现用人单位为无证经营，可向工商部门投诉。

（3）若发现招聘骗局涉及诈骗金额较大，可向公安部门投诉。

（三）作业布置

1. 请结合周围的一些求职案例，说一说选择就业渠道应注意的问题，你应如何去辨识就业信息的真伪？

_____
_____
_____
_____

2. 请运用本节学习的知识，分析就业有哪些途径，结合自身实际谈谈自己最有可能选取的是哪几种就业渠道。为什么？

_____
_____
_____
_____
_____
_____
_____
_____
_____
_____
_____
_____

专题二　拓宽就业渠道

一、…　　二、…　　三、…　　四、…　　**五、任务反馈**

请以图表形式呈现本部分内容的概貌。

观念具有非凡的力量，
影响我们就业的态度，
抱有乐观积极的观念，
会使我们的人生更富裕，
会使我们的生活更美好，
一切在于与时俱进、改变观念，
观念领先，行动领先，成就领先。

专题三
调整就业心态

心有多宽，理想就有多远；
理想有多远，人就能走多远。
人与人之间只有很小的差异，
但这种很小的差异却往往造成了巨大的差异。
很小的差异就在于你的心态是积极还是消极，
而消极心态是失败、疾病与痛苦的源流。

项目一　未雨绸缪，认识常见的择业心理

　一、任务布置　　二、……　　三、……　　四、……　　五、……

情景案例

　　刘雯是一位来自外地在沪就读的女毕业生，入学时就决定要留在上海工作。

　　一开始她的担心远远大于信心。从客观条件上来说，她是外地生源又是女生，求职难度较大，但她为了能留下来，决定拼一拼。她通过收集信息，确认了自己的长处——外语专业。上海的外语教育十分发达，上海学生的外语水平也普遍较高，为使外语水平达到精熟的程度，她一年级时就利用暑期到一家美国驻沪商人家中做翻译和中文老师，两个月纯英语环境的锻炼，使她原本不错的外语，特别是口语有了质的飞跃。后来，她又在某文化传播有限公司兼职，主要负责外文原版书籍进入中国市场的书评工作。这一段经历使她的英文快速阅读能力和中文写作能力得到了长足的进步。在兼职期间，她还利用公司提供的商务谈判机会和公关活动，锻炼了自己的公关活动能力，构建了自己的社会关系网。在校时，刘雯就常利用假期活跃在各种招聘会中收集资料，毕业前夕，有家公司要与德国客商谈判，向外招聘具有熟练外语翻译能力的人才。招聘中心主任推荐了她。在谈判中，刘雯以

专题三 调整就业心态

出色的能力完成了任务,得到中德双方的好评。最后她被聘为该公司的高级雇员。

> 思考:刘雯成功的就业历程反映了她在面对困境时一种什么样的就业心态?在面对严峻的就业环境时你将打算如何做呢?

知识目标:1.了解择业心理的不同类型,培养积极乐观的就业心态。

2.探析产生择业心理误区的原因,寻找正确的引导对策。

一、… 二、任务实施 三、… 四、… 五、…

任务一　任务描述

组织模拟"职业生涯拍卖会"活动，认识择业心理，完成任务书Ⅰ。

《认识择业心理》任务书Ⅰ

班别 _____　组别 _____　完成时间 _____

任务	任务要求	方法提示
职业生涯拍卖会	教师出示拍品单，每位同学根据自己手里象征性的1 000元（代表一生的时间和精力）竞买，100元起价（把价钱写在纸上并大声叫出），三次定锤音	1. 拍卖品可以从一些画报、挂历中寻找合适的图案，也可以请学生事先画好 2. 事先要准备好锤子，布置好拍卖环境
拍卖情况		
拍卖品单	拍卖成功者思考回答问题	拍卖失败者思考回答问题
一个小岛 上一所理想的大学 让父母为自己感到骄傲 三五个知心的朋友 一门精湛的技艺 获得理想的成绩 权力 直言不讳的勇气和百折不挠的真诚 良好的人缘 得到老师的信任 一张巨额支票 快乐幸福的家庭 一所宏大的图书馆 名垂青史 一张免费周游世界的机票	1. 你拍的是哪一项生涯？ 2. 用什么价格拍到的（达成成功的途径）？ 3. 为什么要买它？ 4. 除了这一项，你还看好哪一项生涯？不选择它的理由是什么？	1. 是不是所列的诸项生涯都不是你想要的？（明白自己想要的是什么吗？） 2. 为什么没有成功购买？ 3. 现在知道自己最想要的是什么了吗？ 4. 怎样才能得到自己最想要的东西呢？
师生总结归纳	成功的经验	失败的教训

专题三　调整就业心态

任务二　任务描述　各组根据任务实施情况填写《警惕择业心理误区》任务书Ⅱ。

《警惕择业心理误区》任务书Ⅱ

班别＿＿＿＿　　组别＿＿＿＿　　完成时间＿＿＿＿

任务	任务分解	任务实施	
择业心理误区探索	出示案例，认识择业心理并分析说明（参考"职场放大镜"部分内容）	组员	职责
		负责人	统筹全组工作，分工合作
		汇报员	代表小组向全班同学分析案例
		情报员	可使用手机在网上查找相关资料信息
		信息处理员	整理资料信息，做补充说明
		记者	记录小组完成任务的过程，可用手机拍照，任务完成后分享小组合作感想
	案例一：我是"人才"！但怎么"高不成低不就"？请分析原因。		
		案例二：雾里看花，水中望月，我的职业路一片迷茫。请分析原因。	
	案例三：我什么也不是，没有单位会要我的。请分析原因。		
		案例四：求职中屡次受挫，请分析原因。	
	案例五：我"海投"无果，成为对就业冷漠的"啃老族"。请分析原因。		
师生总结			

任务三 任务描述

通过搜集信息了解常见的几种择业心理类型,各小组分工完成《择业心理类型》任务书Ⅲ。

《择业心理类型》任务书Ⅲ

班别 _____ 组别 _____ 完成时间 _____

任务	任务要求	组员	任务分工	得分
了解常见的几种择业心理类型	搜集资料说明常见的几种择业心理分别有哪些特点	组长	统筹全组工作	
		演讲能手	代表小组发言	
		情报专家	负责使用手机在网上收集资料	
		监督专员	监督并协助情报专家收集资料	
		书记员	文字记录及资料整理	
择业心理的概念				
举例说明择业心理的十大问题分别是什么				
产生不良择业心理的原因与危害性				
有何对策				
师生总结				

专题三 调整就业心态

一、… 二、… 三、任务解决 四、… 五、…

知识点一：职校生常见的几种择业心理

常见的择业心理主要是指在择业过程中对人的心理和行为起调节作用的个性意识特征，是毕业生在就业过程中普遍存在的心理状态，是影响其正确择业和实现顺利就业的重要因素，也是毕业生价值观的具体体现。正确把握自己、走出心理误区是职业院校毕业生就业迈向成功的第一步。职业院校毕业生就业常见的心理归纳起来主要有以下三种类型十种问题。

（一）认知心理类型

1. 自负心理

自负是个体对自己估价过高，不切合实际，自视清高的心理状态。由于受传统就业观念的影响，职业院校学生在择业上往往好高骛远，期望值居高不下，没有将自己的位置摆正，没有清楚地认识到自己是一名职业院校毕业生，从事的职业及岗位应是生产第一线，工作必须从基层做起，于是这部分毕业生对用人单位百般挑剔，就陷入了"高不成低不就""脚踩几只船"的恶性循环，从而造成就业受挫，难以找到自己满意的工作，产生心理失衡。

2. 自卑心理

自卑是个人对自己的不当认识，是一种自己瞧不起自己的消极心理。例如有些中职生认为自己没有考上重点高中，是无能的、失败的，上中职学校是迫不得已的选择，在学历上比不上大学生，在动手能力上比不上高职生。因此，他们往往自责、贬低或惩罚自己，潜意识中就会产生自卑和压抑心理。近年来社会对人才的需求标准不断地提高，而有些单位对中职生的认识又不够明确，这使得中职生在高薪岗位的求职过程中处处碰壁，加剧了他们的自卑情绪，从此他们对前途担忧，对未来丧失信心，缺乏自信心，不敢主动向用人单位推销自己，不敢主动参与就业竞争，陷入不战自败的困境。

3. 观望心理

观望心理也叫矛盾心理,是职业院校毕业生就业时瞻前顾后、左右徘徊的心理。这部分毕业生在择业时,遇到各种各样的选择,会左右为难。例如,他们总是认为到机关、事业单位待遇稳定,风险较小,但又嫌收入不高;而自己创业收入较高,但又觉得太辛苦。于是他们总是举棋不定,总是进行痛苦且矛盾的选择。这种既要顾及工作性质、发展前景,又要考虑地理位置、经济收入、福利待遇的矛盾心理,最终往往会使这些毕业生失去很多时间与机遇。

(二)情绪心理类型

1. 悲观心理

悲观心理也叫作冷漠心理,是人在从事有目的的活动时遇到障碍所表现出来的情绪反应。一些毕业生在择业中因受到挫折而感到无能为力,出现得过且过、不思进取、情绪低落等反应。他们自认为看破红尘、心灰意冷,决定听天由命任凭发落。悲观心理的一种特殊表现是逃避,他们不再想主动争取择业机会,不再去努力,认为去什么单位都无所谓,这种心理与就业的竞争机制和社会环境是不相适应的。

2. 不满心理

部分学生在就业压力下容易产生不满情绪。不满的对象可以是周围的任何事物和人群。如对学校管理、教学质量、就业推荐制度不满;对现行的国家就业政策不满;对家庭成员、家庭状况不满;对周围同学不满(如嫉妒);对社会分配不公问题不满等。不满情绪的产生导致职业院校毕业生的消极心理和不健康行为,从而影响正常就业和顺利择业的实施。

3. 焦虑心理

焦虑心理产生的重要因素是职业院校毕业生期望值过高和社会就业压力大。部分学生不顾自身条件与社会对职业院校学生的市场定位,过分看重初次就业对一生的重要性,往往不自觉地加大自己的心理压力,精神过于紧张,一旦条件达不到,挫折感就会导致就业焦虑。部分家长不顾学生的兴趣、爱好、特长、专业等特点,硬是把自己的职业理想间接地强加于子女,从而将焦虑的情绪传染给了学生。当现实的求职目标与自身的理想职业不相符时,部分学生会产生悲观、失望、愤世嫉妒的心理,这对于职业院校毕业生的成长是很不利的。近几年来,就业形势越来越严峻,加上社会上各种媒体的不断渲染,在客观上加重了职业院校毕业生对就业前途的焦虑。社会大氛围对学生思想造成的压力使学生发生分化,部分学生变压力为动力，积极学习知识技能，以求就业顺利；部分学生抱着得过且过的心态，随波逐流；部分学生对前途感到悲观失望，出现情绪低落、整日忧心忡忡、愁眉不展、唉声叹气等消极表现。

（三）社会心理类型

1. 从众心理

部分职业院校毕业生在择业时，"人云亦云""大多数人选择哪里自己就选择哪里；大多数人往哪里挤，自己就往哪里挤"。他们认为，大多数人钟情的工作一定是好工作，大多数人选择的一定没错。这些人毫无主见，缺乏开拓精神，没有客观分析自身专业基础、经济状况等各方面因素，忽视自身的个体特异性与自我创造性，盲目跟风，随波逐流，采取不切合实际的从众行为。他们终将一事无成，空留一声叹息。

2. 依赖心理

有些职业院校毕业生由于家庭、社会条件较好，在择业过程中把希望寄托在学校、父母或朋友身上，寄托在拉关系、走后门上，有的甚至由家长出面与用人单位洽谈，殊不知这样做的结果恰恰让用人单位对毕业生产生缺乏开拓能力、独立生活能力和工作能力差的印象。当今社会，挑战与机遇并存，只有在择业之初，就树立自信心，少点依赖，敢于竞争，才能在众多的求职者中脱颖而出。

3. 攀比心理

与他人攀比的心理，表现为主观性很强的不切实际的自我欣赏。求职期望过高，对自己进行正确、客观、公正的分析往往就显得不够，容易在相互攀比中，舍其所长，就其所短。在择业过程中受环境、机遇以及其他诸多因素的影响，对于同等资历的求职者来说，求职结果也会产生落差，反映到自身就会生成一定的嫉妒心理。持有攀比求职心态的毕业生，不能从自身实际出发，常常会耽误时机，从而影响自身价值的实现和长远发展。

4. 实惠心理

持有实惠心理的毕业生非常多，他们往往在应聘时，说不上三句话就问"能给多少钱，工资多少，奖金多少，福利如何"。他们的眼睛只盯在外资、金融、保险、电信类企业上，错过许多很好的机会。他们往往"宁要大企业一张床，不要小企业一套房"。殊不知大企业的待遇虽好，大城市的发展机会虽多，但并不是每一个人、每一个专业都适合在大企业、大城市发展，西部地区、中小企业也是同学们建功立业的地方。

知识点二：择业心理误区产生的原因

毕业生择业心理误区是由多方面原因造成的，有主观因素也有客观因素，有个人因素也有家庭因素。

1. 社会因素

理想与现实的冲突。在全世界30亿经济活动人口中，失业人口有1亿～5亿，不充分就业人口有7.5亿～9亿，国际就业形势严峻；"入世"对中国劳动力市场造成短期冲击；高校扩招造成毕业生高存量、高膨胀；另外，就业政策改革的"供需见面""双向选择"之就业方式以及就业结构总体不平衡等因素，导致技校毕业生呈现不同的择业心理状态。

2. 学校教育因素

职业教育也处在自身发展的"瓶颈"阶段，专业结构、课程设置、教学内容、教学方法等还不能完全适应社会的发展。同时，学校的就业指导也因为师资力量薄弱、经费短缺、教学方法陈旧等无法适应学生个性发展的需要。

3. 个人因素

毕业生处在青年期，多幻想、好冲动，自我意识强，对社会了解不够，缺乏社会经验，容易把外界社会理想化、完美化；在遇到问题后，又容易将社会丑恶化、可恶化。同时，毕业生对进入社会的心理准备不足，造成心理承受能力失衡，产生种种心理偏差。自信心强的毕业生敢于面对挑战，而自卑感强的学生，受挫后会心灰意冷、意志消沉。

4. 家庭因素

家庭是人社会化的起始点。中国的父母对孩子的期望值很高，一些学生在择业时很想自作主张，但家庭影响太大，父母总是希望找一个稳定的单位，如果学生去民营企业或从营销员、业务员做起，很多家长不愿意，家长如是说：如果这样，还是在家里等等再说。同时，国家为保护毕业生的利益，出台了毕业生暂缓两年就业的政策，这样，每年申请暂缓就业的毕业生占毕业生人数的比例也较高。这也造成了现在很多毕业生在找工作时挑挑拣拣，找不到好的工作就进入待业状态。

知识点三：引导对策

解决择业心理问题很主要的一个方面，就是让学生学会自我调适，主动自觉地适应环境，与环境保持协调，客观地分析自我与现实，有效地排除心理障碍。主要的自我心理调适法有自我分析法、自我激励法、自我放松法、自我辩解法和自我宣泄法。

1. 自我分析法

人要在各种环境中保持心理健康，很重要的一点是能够理性地面对问题、分析问题，能保持灵活变通的思维方式，随时找出并修正自己不合理的思想和观念。所以，毕业生在择业时遭遇到困难和挫折的时候，首先要理性地分析原因，是自己专业、能力、个性不适合该种工作？还是自己的择业策略欠妥？抑或期望值太高？若是自己不适合该种工作，则应激流勇退，寻找新的目标；若是择业策略欠妥，则应好好总结，加以改进；若是期望值太高，则应接受现实，降低期望值。

2. 自我激励法

当信心不足，出现自卑、怯懦等不良心理问题时，可以通过自我激励进行调节。方法有二：一是进行积极的自我暗示，心里重复暗示自己"我能行""我可以""我一定会成功""我在微笑""我很强壮""我浑身是劲""我斗志昂扬"等。二是大胆实践，有的同学还没面试就担心自己过不了关，说话吞吞吐吐、细声细气。最好的办法就是大胆实践，主动出击，用行动来激励自己。如主动地、声音洪亮地与面试官打招呼、握手、问好，把心里的想法大胆地说出来，不用闪烁其词、遮遮掩掩。

3. 自我放松法

这是一种通过练习学会在心理上和身体上放松的方法，以帮助人们减轻或消除各种不良的身心反应。常见的方法有两种：一是肌肉放松法，基本方法是先局部后全部紧张躯干肌肉群，适时保持紧张，然后放松，主要是体验由紧张到放松的感觉。如：默数1、2、3、4、5，用力握紧拳头，坚持10秒，然后彻底放松双手，体验放松的感觉。二是意念放松法，方法是：先稳定情绪，静下心来，闭上眼睛，排除杂念，把注意力集中到下丹田，用腹式呼吸法慢慢呼吸。吸气时，想象丹田处有一股气从腹部升到胸部，再升到头部；呼气时，想象这股气从头顶向后顺脖子、脊梁直回到丹田，反复几次，便能达到消除紧张情绪的效果。

4．自我辩解法

实质上，此方法就是自我辩解。当择业遇上挫折时，在已尽主观努力仍无法改变结果时，可找一个自己可以接受的理由让自己保持内心的安宁，如"失败乃成功之母""吃一堑长一智"等，让自己坦然接受现实，以求从挫折中解脱出来。

5．自我宣泄法

自我宣泄法的目的是要排解不良情绪，常见方法有：一是倾诉，如向老师或亲友倾诉心中的烦恼与忧愁，或用写日记的办法来倾诉不快；二是哭泣，找个适当的场合大哭一场，可使情绪平缓；三是剧烈运动，如打球、长跑、爬山等。当然，宣泄情绪时一定要注意场合、身份、气氛，注意适度，无破坏性。

专题三　调整就业心态

四、任务巩固

（一）学学身边的榜样

阅读下面两则教师手记，想一想：小玉和小林在就业前和就业中的想法及做法对你有什么帮助？

手记（1）：我们班最漂亮的女生小玉，中专毕业后到酒店做服务员，但她并不喜欢这个职业。后来有了一定的积蓄之后，她报名学习了她喜欢的化妆技术，重新应聘到一家婚纱摄影楼工作。因为她喜欢这份工作，就全身心地投入其中，经常到全国各地去学习交流，最终成就了自己的事业。

手记（2）：我的学生小林是一个有心人，既有上进心，又有谋心。刚进入中专学习时，他就对自己的未来做了打算。他是这样进行职业设计的：中专毕业选择到高职信息技术专业继续学习——业余时间和寒暑假到计算机软件开发专业培训班学习——到沿海和江浙一带软件开发公司就职——工作能够独当一面——成立自己的公司。目前，小林已在江苏某外企工作了一年，月薪5 000多元人民币。我相信他一定会成功地实现自己的人生目标。

（二）职场放大镜

1. 眼高手低

小方是一名汽车专业的技校毕业生，但他想当"白领"，去应聘所有大型企业的行政管理部门都被人拒之门外，理由是他的文凭太低必须从基层做起。汽车专业的技术工作他不想干，管理工作他又做不来。同学们都在为找工作忙碌的时候，他却天天在宿舍睡觉。看见同学们找到工作他是又焦急又妒忌，但是还是拿不出热情再去奔波。

2．雾里看花，水中望月，我的职业路一片迷茫

临近毕业了，许多单位来学校招聘。小李挑得眼花缭乱，但依然没有任何着落，她说："原来就知道努力读书，考试考个高分，现在忽然就要毕业了，好像突然失去了方向，我们商务系好像就业面挺广，去哪个单位都可以，可以做销售、客服、话务、文员和前台——但自己真是不知道该干什么，茫然不知所措！"

3．我什么也不是，没有单位会要我的

小丽是去年的会计专业毕业生，现在仍待业在家。今年的招聘会陆续开始后，她不仅不兴奋，甚至十分恐惧。小丽想："去年我已经找过工作了，总是屡战屡败，唉，我什么都不行，估计今年还是不会有单位要我的，看到招聘者挑剔的眼神我就心发慌、腿发软，不知道如何应对，心里好害怕呀！"

4．求职中屡次受挫

小林是一名市场营销专业的学生，她平时学习认真努力，成绩优秀，性格文静稳重，有耐心，但平时不太爱说话，喜欢一个人看书、写文章。小林的文字功底非常好，还屡次在校报发表文章。临近毕业，有很多企业来学校招聘，小林根据自己的专业选择了几个对口的职位，如营销员、销售助理、销售代表面试工等，但奇怪的是接连三次面试都落选了。眼看着班里成绩不如自己的同学都纷纷找到了工作，她陷入了深深的苦闷中，开始怀疑自己的能力，她说："以前以为自己成绩好，现在找工作才知道，原来自己什么都不行，用人单位都不要我，自己真是一无是处！"

5．"海投"无果，对就业冷漠的"啃老族"

同学们为找工作疲于奔命的时候，李文却显得悠闲自在，每天除了上课就是上网玩游戏。他"海投"了近200份简历都没有回音，之后仅仅找过一次工作，被拒绝后就坚定地认为现在社会复杂，家庭没有广泛的人际关系就不可能找到理想的工作，便索性将找工作的事情全权交给父母。他甚至觉得他找不到工作是父母无能，有没有工作更是无所谓，反正父母也养得起自己，当"啃老族"也不错。

（三）作业布置

请通过查看互联网、查阅书刊、观察身边的同学和自我反省，归纳大家的不良

择业心理（至少列举三个），并简单介绍一下不良择业心理的成因，并提出矫正和改善的方案。

一、… 二、… 三、… 四、… 五、任务反馈

请以图表形式呈现本部分内容的概貌。

项目二　科学调适，形成良好的择业心态

一、任务布置　二、……　三、……　四、……　五、……

情景案例

华旭，是某技校高级班的应届毕业生，进入10月份以来就忙着寻找工作，可是面试了几个用人单位都没有下文，她有些急躁，开始怀疑自己的能力。其实华旭的情况在技校毕业生中具有一定的代表性，由于就业市场竞争激烈和缺乏就业经验，许多毕业生备受就业问题困扰。他们在寻找工作的过程中或茫然不知所措，盲目从众；或情绪亢奋，四面出击。一旦碰壁，他们又会灰心丧气，否定自己，以致影响了正常的生活和学习。

> 思考：请你帮华旭出谋划策，如何避免或减轻这种负面心理呢？

知识目标： 1. 掌握科学调适方法，保持良好的择业心态。
2. 了解择业的不同类型，培养正确面对问题的心态。

一、… 二、任务实施 三、… 四、… 五、…

任务一　任务描述

按照既定的分组，各小组成员分工协作，根据实际情况自行查找并概括出对择业心态的理解，完成任务书Ⅰ。

《择业心态》任务书Ⅰ

班别_____　组别_____　完成时间_____

任务	任务要求	组员	任务分工	得分
理解择业心态	以文字的方式展示对择业心态的理解	组长	统筹全组工作	
		演讲能手	代表小组发言	
		情报专家	负责使用手机在网上收集资料	
		监督专员	监督并协助情报专家收集资料	
		书记员	文字记录及资料整理	
根据这句话谈谈自己对择业心态的理解	古希腊哲学家赫拉克利特："如果没有健康，智慧难以表现，文化无从施展，力量不能战斗，财富变成废物，知识无法利用。"请说一说你的理解。			
"墨菲定律"说明了什么问题	"墨菲定律"产生于美国，事情发生在1949年。一位名叫墨菲的空军上尉工程师，认为他的一位同事是个倒霉蛋，便说了句笑话："如果一件事有可能被弄糟，让他去做就一定会弄糟。"这句笑话在美国迅速流传，并扩散到世界各地，最后演变成如下墨菲定律："如果事情可能向坏的方向发展，它一定会这样。"请说一说你的理解。			
师生总结				

专题三 调整就业心态

任务二 任务描述

完成任务书Ⅱ，看看这些趣味计算题对你有何启发。

《趣味计算题》任务书Ⅱ

班别 _____　　组别 _____　　完成时间 _____

任务	任务要求	组员	任务分工	得分
演示各类单词的计算	要求令A，B，C，D，…，X，Y，Z这26个英文字母分别等于百分制的1，2，3，4，…，24，25，26这26个数值，那么会得出什么样的有趣结论呢？	组长	统筹全组工作	
		计算能手	代表小组上台演示	
		演讲专家	根据演示结果谈谈理解	
		监督专员	监督并协助情报专家收集资料	
		书记员	文字记录及资料整理	
有趣的单词字母趣味计算题	Hard Work（努力工作）= Knowledge（知识）= Love（爱情）= Luck（好运）= Money（金钱）= Leadership（领导力）= Attitude（心态）=			
启发思考	这些我们通常非常看重的东西都不能使我们的人生圆满，虽然它非常重要，那么，究竟什么能使我们的生活变得100%圆满呢？			
师生总结				

079

任务三 任务描述

根据实际情况列举你了解到的良好择业心态有哪些,并思考如何科学调适才能保持良好的择业心态。假如是你遇到类似的问题你会如何去调适自己的心态?完成任务书Ⅲ。

《如何保持良好的择业心态》任务书Ⅲ

班别 _____ 组别 _____ 完成时间 _____

任务	任务要求	组员	任务分工	得分
了解如何科学调适择业心态?	搜集有关良好择业心态的案例,说明如何调适	组长	统筹全组工作	
		演讲能手	代表小组发言	
		情报专家	负责使用手机在网上收集资料	
		监督专员	监督并协助情报专家收集资料	
		书记员	文字记录及资料整理	
各种良好择业心态的案例	1. 2.			
结合实际情况谈谈自己的择业心态				
师生总结				

专题三 调整就业心态

任务四 任务描述

寻找实际例子说明"主动、探究、合作"的学习方式的特点，完成任务书Ⅳ。

《如何正确对待不如意的工作选择》任务书Ⅳ

班别 _____ 组别 _____ 完成时间 _____

任务	任务要求	组员	任务分工	得分
了解工作中不如意的一些选择	搜集"不如意的工作选择"案例，说明应如何正确对待	组长	统筹全组工作	
		演讲能手	代表小组发言	
		情报专家	负责使用手机在网上收集资料	
		监督专员	监督并协助情报专家收集资料	
		书记员	文字记录及资料整理	
"不如意的工作选择"案例	1. 2.			
结合实际情况谈谈你自己会如何看待这一问题				
师生总结				

三、任务解决

知识点一：如何科学调适，保持良好的择业心态

（一）培养积极主动的职业意向

不少学生对专业的选择带有盲目性，因此对所学专业及将从事的职业有种必然的朦胧感。直到临近毕业时，这种朦胧感的职业意识才趋向清晰和现实，而这种转变又往往是被动的。其主要原因在于学生还不完全具有在校选择专业的权利，只能被动地确立意向，消极等待。要使自己跟上社会的发展变化，使自己有较强的职业适应性，就必须培养积极主动的职业志向，积极主动地了解专业的发展趋势、培养目标及使用方向，注意搜集社会各方面的用人信息，不断调整知识结构，不断修正职业意向。

（二）确立合适的抱负水平

抱负水平是一种个性心理倾向，它指的是个人从事某种实际工作之前，估计自己所能达到的理想目标。这种理想目标体现为行为主体对自己的一种期待，它必须与社会期待相适应、相协调。抱负水平的高低在求职中常常起到不可估量的作用。明显恰当的抱负水平，有助于职业院校毕业生处理好自我期待与社会期待的关系，摆正个人与国家的位置，从而进行正确的职业定向和职业选择。

对自我的条件评估失当，会影响自身在择业中的正确定位。这种自我评估失当一般表现在两个方面：一是对自我就业的条件评价过高，因而对择业自负挑剔；另一种是对自我就业的条件评价不高或过低，因而择业信心不足。前一种评估失当往往发生在一些学习成绩比较好，工作能力或社会交往能力比较强的学生身上，他们对就业的要求比较高，挑来挑去，有的就造成了失误，失去了本来有利于他们就业和发展的机会。后一种评估失当往往发生在一些学习成绩平平或较差，缺乏实际工作能力和社会活动能力的学生身上，他们对自身的条件缺乏信心，不敢主动出击向用人单位推销自己，而是采取被动的态度等用人单位来"相中"自己，或者依靠亲戚朋友的社会关系来谋求职业。这种自卑畏缩的态度往往使他们失去本来可以就业的机会。总而言之，对自我的估计过低或过高，没有确立合适的抱负水平，就会使大家在择业过程中不能对号入座，增加择业的难度。

（三）充分了解自我的职业意愿

认识自己是直面人生、战胜困难的第一步。择业求职时自然也不例外。只有认识、了解自己的兴趣、个性、能力、价值观，并做好充分的准备，才能知道自己更适合做什么样的工作，才能定好择业目标，提前对自己做出客观全面的评价，以便在就业竞争中处于主动地位。

对某种职业的兴趣与爱好是影响职业院校毕业生择业的重要因素。职业院校毕业生总是希望从事自己喜爱的工作，并力求在自己所喜爱的工作中获得成就，而兴趣与爱好也有利于他们取得成就。然而，在择业过程中却常常会碰到这样的情况：自己不感兴趣的工作机会很多，而感兴趣的工作机会却很少，这时就要学会使自己的兴趣服从社会的需要，并在新的工作中培养新的兴趣。

（四）锻炼工作所需的心理品质

在明确个人的职业意向及心理特点后，应进一步设法了解所倾向的职业要求，以及自己在专业知识、工作技巧和心理品质方面还存在的具体差距，通过外部的帮助和自我训练，培养和调节自己所倾向的职业所需的各种心理品质以增强工作的适应性和主动性。

求职的过程实际上是在进行自我推销，要让别人接受自己，除了掌握必要的推销技巧外，求职者还需要具备良好的心理品质，诸如诚实守信、自信心、自制力、变通性、适应力等，这对于成功求职至关重要。

1. 诚实守信

唯有真诚才能唤起对方的热诚与肯定。因为求稳求可靠是人类普遍的心理倾向，诚实可信，既是人类所追求的美好品质，亦是用人单位用来衡量求职者是否满足岗位要求的重要标准。虚伪、不守信用的人是不会受到用人单位欢迎的。华裔美国科学家微软中国研究院前任院长李开复是一位在语音识别、人工智能、三维图形和国际互联网多媒体等领域享有很高声誉的人。他的成功经验和治学精神引起了我国很多青年尤其是学生的广泛关注。在与我国年轻人的交往过程中，李开复归纳出一些大家共同关心的问题，并结合自己的学习和工作经历，坦诚相见，直抒胸臆，写成了一封给我国学生的长信，发表在2000年7月31日的《光明日报》上，李开复在信中提到了这么一个例子。自己曾经面试过一位求职者。这位求职者在技术、管理方面都相当出色。但是，在谈话之余，求职者表示，如果录取他，可以把在原来公司工作时的一项发明带过来。随后他似乎觉察到这样说有些不妥，特作声明：那些工作是他在下班之后做的，他的老板并不知道。这一番谈话之后，对于李开复而言，不论他的能力和工作水平怎样，都肯定不会录用他。原因是他缺乏最基本的处世准则和最起码的职业道德："诚实和讲信用"。如果雇用这样的人，谁能保证他不会在这里工作一段时间后，把在这里的成果也当作所谓"业余之作"而变成向其他公司讨好的"贡品"呢？这说明，一个人品不完善的人是不可能成为一个真正有所作为的人的。求职者具有诚实守信的优良品质，在求职时方能真实介绍自己的经历和所长，实事求是、恰如其分地表达自己的优势和弱点。这种人格魅力必会吸引招聘者，使之对你产生深深的好感；反之，弄虚作假、夸张吹嘘，只会损害自己的形象，引起对方的反感，这是求职者特别需要注意的。

2. 自信心与自制力

自信心与自制力是两种重要的心理品质，是现代企业最为看重的职业品质之一。有了足够的自信心和自制力，才能适应社会工作和生活纷繁复杂的环境；才能在激烈竞争的环境中奋发进取，勇于开拓，开创新的局面；也才能在人际沟通中落落大方，遇变故而不惊，应付自如，这样才能为单位结交更多的合作伙伴。因此，具有自信心与自制力的人深受用人单位的欢迎。拥有这种品质的求职者，会镇定自若、有条有理地表现自我，给人以充满生气、能力较强、适应性好的感觉，从而更易求职成功。

3. 变通性与适应力

变通性与适应力也是现代人优异的心理品质。在求职的职业定向与选择过程中，它同样是十分重要的，没有变通性与适应力，仅诚实与守信，则显得过于迂腐与呆板；没有变通性与适应力，仅有自信心与自制力，则显得过于自负与固执。求职中的变通与适应，是一种良性的态度转换与自我调适。有了这种品质，求职者会积极主动地面对现实，正视现实。当个人的职业定向和愿望与社会需求发生冲突时，他们可以迅速做出调整，使自己在内在因素和外在因素的渗透、冲击中重新寻求均衡，从而使职业选择向成功的方向迈近。如果一个人缺少变通性与适应力，一味强调个人的职业意愿，把自我的理想职业目标放到一个不变的位置上，就势必抑制自我调节的可能性，从而使自己陷入一种十分不利的境地。职业院校学生应充分注意这种心理品质的培养。当然，变通与适应又必须以诚实守信、自信心与自制力为前提，否则，就会流于圆滑与世故。一个留学生，为日本餐馆洗盘子以赚取学费。日本餐饮业规定，盘子必须洗7遍。这位留学生却很"聪明"地少洗两遍，工钱自然也挣了不少。餐馆老板发现了问题，把他辞退。他又到该社区的另一家餐馆应聘洗盘子。这位老板打量了他半天，才说："你就是那位只洗5遍盘子的留学生吧。对不起，我们不需要。"第二家、第三家……他屡屡碰壁。不仅如此，房东不久也要求他退房，原因是他的"名声"对其他住户的工作产生了不良影响。他就读的学校也专门找他谈话，希望他能离开学校，因为他影响了学校的生源……万般无奈，他只好搬家走人，一切重新开始。

4. 机遇与抓住机遇

机遇在一个人的一生中是非常重要的，有的人因为抓住了一个很好的机遇而事业顺利，幸福美满，但有的人却因为没有抓住机遇而抱憾终身、郁郁寡欢。一般来说，机遇对每个人来说都是平等的。之所以有人得意，有人失意，就是因为有的人善于抓住机遇，而有的人不善于。所以，机遇一旦来了，不要犹豫不决、思前想后，要判断清楚，勇于挑战，或许这将是你一生的事业蒸蒸日上的开始。

知识点二：如何正确对待不如意的工作选择

（一）社会期待与专业角色

从学校毕业就能够就业的人，总是幸运的。因为，这等于社会已接纳了你，给予你为社会服务的机会，也等于是让你在社会舞台上扮演一个角色，发挥你的才能。一个人的角色，也称为他的社会角色，是由他的身份及行为特征来界定的。譬如说，交通警察是一种身份，具有此种身份的人，在执行勤务时，他的行为表现就具有异于常人的很多特征。他穿什么服装、讲什么语言、管理什么事情、负什么责任等，不但他自己必须知道这些行为特征，而且在他周围的人也同样注意他，认为他应该具备这些行为特征。这就是心理上所说的"社会期待"或"角色期待"的作用。意思是说，社会上总是对某种身份的人，期待他扮演什么样的社会角色，期待他具有哪些行为特征。

离校就业之后，社会角色改变了，社会期待也改变了，过去当学生的角色行为不复有效，个人必须适应新的需要去学习。做学生时所接触的社会层面，大体上不外乎亲子、师生、同学三种人际关系。在这三种关系下的社会期待，都是以感情为基础的，是宽容的，是谅解的。就业之后的人际关系就不同了。无论是主管与属下的关系，还是同事间的关系，都是利害的成分多，感情的成分少。事情做对了，未必受到欣赏，一旦做错了，必须承担责任，这一点是求学与就业两者间的最大区别。社会上对某些职业的角色期待特别严格。无论喜欢与否，只要你进入该类行业，你就得随规从众，这体现在言行、举止、服装、仪容等各方面。

（二）工作需要与知识差距

凡是有过就业经验的人都会体会到，在学校所学的书本知识，与职业上所担任的实际工作之间，有一段很大的"知识差距"。在个人面对某些工作时，你常觉得，如果以前所学的东西你没有掌握，非但对工作不能得心应手，甚至会把工作做得文不对题，闹出笑话。

就业初期之所以出现"知识差距"现象，大概有两个原因：第一个原因是用非所学，即担任的工作与在校主修学科不对口。第二个原因是就业与求学性质不同。即使是专学专用，职业上的工作需要也不会跟在校的学科知识完全符合。因此，刚毕业的学生，进入一家新设立的工厂，面对崭新的设备与技术时，也会有刚出校门即生知识落伍之感。俗话说："活到老，学到老。"在就业初期出现的这种"知识差距"现象属意料之中的事，这就需要每位毕业生在参加工作的过程中继续接受再教育，不断提高对职业的适应能力。

（三）大材小用与用非所学

假如你是一名优秀的职业院校毕业生，离校后进入一家工厂当没有技术要求可言的普通工人，你面对这项工作时会有什么感受？对这样的岗位，你会觉得"大材小用"吗？日常所从事的工作与学校所学专长毫无相关，你会觉得"用非所学"吗？我想，你对以上两问题的回答将是肯定的。果真如此，那么辛辛苦苦上学还有什么意义和价值呢？初出校门的学生，进入工作单位时，看到某些位居高职而学历不如自己的人时，常会产生委屈不平的感觉。其实，这是一种严重错觉。即使比你大20岁的顶头上司只有初中文化，你的"不公平"或"大材小用"的感觉也是没有意义的。因为，如果你只从学历来看问题，那么就忽略了两个事实：其一是企业用人日趋理性，不唯名校，不唯学历，"需要即是人才"的用人观念正逐步形成；其二是20年的工作经验绝非单靠3年的职业教育所能抵得过的。

至于说"用非所学"的问题，随着知识经济时代的到来，高新技术在生产中的快速应用，从学校中学到的知识多半会落在社会现实之后。因此，目前职业院校学生毕业后，从事任何职业，往往都会出现"用非所学"的问题，这属于正常现象。希望大家珍惜得到的职业，去尝试根据工作的需要而改变自己，不必要求一开始就有最合适的工作机会等着你。

（四）不要轻言"离去"

就业之门本身就充满着各种坎坷。而对那些初次上岗的人来说，就更是矛盾重重。我们经常可以看到和听到一些初次就业的同学，有的还是在实习期间，却往往为工作中遇到的坎坷而大发牢骚，动辄轻言离去。这样的做法是极不妥当的。对于择业者来说，不论出现什么挫折，只要还没有充分的理由可以放弃这个单位或职业，就必须采取各种有效方法，来巩固自己目前已经获得的职业岗位。日本松下电器公司总裁松下幸之助曾说过："不论哪一种工作，要确切地知道是否适合自己，并不是一件容易的事。工作自有它的深度，值得你去品尝。而当初认为毫无意义的工作，经过几年之后，慢慢地会产生兴趣，适应的情况连自己都感到惊奇。工作之中往往会有这种情形发生。"我们常说的"滚石不生苔，转业不聚才"这句话是有一定的道理的。

择业者对待工作的正确原则是：在进入职业岗位之前，应瞪大眼睛认真选择；一旦进入职业岗位就必须有干一行爱一行、钻一行的创业精神，争取干出成绩。一旦干出成绩，你就会对该职业产生浓厚的兴趣，从而越干越起劲。

当然，也有这种情况。就是通过一段时间的上岗工作，经过观察、对比和分析，你发现自己确实不适合从事某一职业。那么在这种情况下，你就应该果断地转换工作岗位或工作单位。

四、任务巩固

(一) 心灵导航

1. 心态究竟具有多大力量

实验一：有一位教授找了九个人做实验。教授指挥九个人走过一个弯弯曲曲的小桥，告诉他们不要掉下去，桥底下有一点水。九个人明白后，快速地走了过去。走过去后，教授打开了一盏黄灯，透过黄灯九个人吓了一跳，看到桥底下的水中竟有几条正在游动的鳄鱼。教授一再诱导他们走回来，只有三个人愿意尝试。第一个人颤颤微微，走的时间多花了一倍；第二个人哆哆嗦嗦，走了一半吓得趴在桥上；第三个人才走了三步就被吓得停住了脚步。教授这时打开了所有的灯，大家这才发现，在桥和鳄鱼之间还有一层网。大家这才放心，几个人都轻松地走了过来。只有一个人不敢走，原来他担心网不结实。这个实验揭示的原理是——心态影响能力。

实验二：又有一位教授做了一个更加残忍的试验。他把一个死囚关在一个屋子里，蒙上死囚的眼睛，对死囚说，我们准备换一种方式让你死，你的血管将被割开，你会滴尽血而死。然后教授打开一个水龙头，让死囚听到滴水声，教授说，这就是你的血在滴。第二天早上打开房门，死囚死了，脸色惨白，一副血滴尽的模样，其实他的血一滴也没有滴出来，他被吓死了。这个实验揭示的原理是——心态影响生理。

再给同学们介绍两位70岁老太太的不同想法和做法：一位认为到了这个年纪可算是人生的尽头，于是便开始料理后事，不久也就真的离开了人世；另一位却认为一个人能做什么事不在于年龄的大小，而在于怎么想。于是，她开始学习登山，并在95岁高龄时登上了日本的富士山，打破了攀登此山年龄最高的纪录。她就是著名的胡达·克鲁斯老太太。这个故事揭示的原理是——心态决定个人的视野、事业和成就。

心态决定高度，心态决定成功。心态好，生理健康，能力增强，视野开阔，成就事业；心态不好，生理差，能力弱，心思窄，成就小。心态就具有这么大的力量，从里到外影响你。积极的心态像阳光，照到哪里哪里亮；消极的心态像月亮，初一十五不一样。所以，同学们要学会塑造阳光心态。

2. 寻找属于自己的奶酪

一座迷宫里住着两只小老鼠嗅嗅和匆匆，还住着两个小矮人哼哼和唧唧。他们一起找到了一座奶酪山，快乐地生活着。一天，奶酪山不见了！两只小老鼠立刻决定去找下一座奶酪山，不久就找到了新的奶酪山。两个小矮人却迷惑不解，不断问自己并相互讨论："谁动了我的奶酪？"后来，唧唧也决定接受这个事实，去找下一座奶酪山。可是哼哼却不愿意，还是坐在原来的地方，妄想着"搬走奶酪的人"会将奶酪山"还给他"。当唧唧兴高采烈地带着新的奶酪找到仍守在原地的哼哼时，哼哼却拒绝吃新的奶酪，因为他仍然想吃到旧的奶酪，仍然希望"搬走奶酪山"的人有一天会将奶酪山"还给他"。

故事中的"迷宫"代表我们的生活环境，诸如学校、工作单位、生活社区或人际关系等；"奶酪"代表我们生命中的梦想和目标，它可能是一份工作，也可能是金钱、爱情、幸福、健康或心灵的宁静，或是一种生活意愿等。人的一生中，"变化"无所不在，为了我们心中的那块"奶酪"，我们必须学会调整心态、进行选择、做出决定！

（二）混迹职场不可不知的八条钻石心态

（1）正确地审视自己的能力。中国的特殊现状造就了一大批年轻的高管，机会够好，但能力未必能够胜任，此时从黄金期跌落下来未必是坏事情，头脑清醒之后，再搏也不迟。

（2）学会用适当的方式化解焦虑。多跟同样处在职业黄金期的朋友交流，多跟业界、周边的智慧人士接触，获得心灵的支撑。

（3）继续深造。职业黄金期内与其他阶段不同，给自己充电的前提是不能影响工作，不脱行，不辞职，如需出国，学完尽快回来，即使老板没有给培训计划，也要说服老板给你在职深造的机会。

（4）保持足够的敏感。有时候敏感比能力更重要，因为大环境的变数太多，一定要密切关注竞争对手的动向。带着自信去学习别人，带着自卑去超越自己。

（5）遭遇困境时要相信自己。做自己的啦啦队。"势如破竹"，这个"势"就是心理能量的积累。

（6）利用职业黄金期锻造职场白金承受力。宠辱不惊，云淡风轻，心境平和，与行云流水的职业技巧相配合，定会令你的内心更加强大。

（7）职场上的最大危险是自己把自己看低了。这是指觉得我也就这样了，我不可能行，或者是把自己的现状看高了，觉得一切尽在掌握之中。

（8）如果感觉在一个行业已做到山穷水尽，就去开辟新的战场。但要保持你的核心竞争力得到延续的使用，新战场离"行"不远或者为"行"服务。

1. 上帝偏爱她，让她洗厕所

日本国民中广为传颂着一个动人的小故事：许多年前，一个妙龄少女来到东京帝国酒店当服务员。这是她涉世之初的第一份工作，也就是说她将在这里正式步入社会，迈出她人生的第一步。因此她很激动，暗下决心：一定要好好干！她想不到：上司安排她洗厕所。

洗厕所，实话实说没人爱干，何况她从未干过粗重的活儿，细皮嫩肉，喜爱洁净，干得了吗？洗厕所在视觉、嗅觉上以及体力上都会使她难以承受，心理暗示的作用更使她忍受不了。当她用自己白皙细嫩的手拿着抹布伸向马桶时，胃里立刻"造反"，翻江倒海，恶心得几乎呕吐却又呕吐不出来，太难受了。而上司对她的工作质量要求特别高，高得骇人：必须把马桶抹洗得光洁如新。

她当然明白"光洁如新"的含义是什么，她当然更知道自己不适应洗厕所这一工作，真的难以实现"光洁如新"这一高标准的质量要求。因此，她陷入困惑、苦恼之中，也哭过鼻子。这时，她面临着人生第一步怎样走下去的抉择：是继续干下去，还是另谋职业？继续干下去——太难了！另谋职业——知难而退？人生之路岂有退堂鼓可打？她不甘心就这样败下阵来，因为她想起了自己初来时曾下过决心：人生第一步一定要走好，马虎不得！

正在此关键时刻，同公司一位前辈及时地出现在她面前，帮她摆脱了困惑、苦恼，帮她迈好了这人生第一步，更重要的是帮她认清了人生路应该怎样走。但他并没有用空洞理论去说教，只是亲自做个样子给她看了一遍。

首先，他一遍遍地抹洗着马桶，直到抹洗得光洁如新；然后，他从马桶里盛了一杯水，一饮而尽喝了下去，竟然毫不勉强。实际行动胜过千言万语，他不用一言一语就告诉了她一个极为朴素、极为简单的真理：光洁如新，要点在于"新"，新则不脏，因为不会有人认为新马桶脏，从而可以得出新马桶中的水是不脏的，是可以喝的结论；反过来讲，只有马桶中的水达到可以喝的洁净程度，才算是把马桶抹洗得"光洁如新"了，而这一点已被证明可以办得到。

同时，他送给她一个含蓄的、富有深意的微笑，送给她一束关注的、鼓励的目光。这已经够用了，因为她早已激动得几乎不能自持，从身体到灵魂都受到震撼。她目瞪口呆，热泪盈眶，恍然大悟，如梦初醒，她痛下决心："就算一生洗厕所，也要做一名最出色的洗厕所人！"

从此，她成为一个全新的、振奋的人；从此，她的工作质量也达到了那位前辈的高水平，当然她也多次喝过厕水，为了检验自己的自信心，为了证实自己的工作质量，也为了强化自己的敬业心；从此，她很漂亮地迈好了职场第一步；从此，她踏上了成功之路，开始了她不断走向成功的人生历程。

几十年光阴一瞬而过，后来她成为日本政府的主要官员——邮政大臣。她的名字叫野田圣子。

野田圣子坚定不移的人生信念，表现为她强烈的敬业心：就算一生洗厕所，也要做一名最出色的洗厕所人。这一点就是她成功的奥秘所在；这一点使她几十年来一直奋进在成功路上；这一点使她拥有了成功的人生，使她成为幸运的成功者、成功的幸运者。

孟子说过："天将降大任于斯人也，必先苦其心志，劳其筋骨……"古往今来的无数事例都证实了这一规律。由此，可以说——上帝偏爱她，让她洗厕所。

2. 企业经营之神

松下电器的创始人松下幸之助，起初家境贫寒，一次，他去一家电器公司求职，请求给他安排一个工作最差、工资最低的活干。人事部主管见他个头瘦小又衣着不整，就随便找个理由说："现在不缺人，你过一个月再来看看吧。"人家本是敷衍他，没想到一个月以后他真的去了。那位主管又推托说现在有事，没有时间接待他。过了几天他又去了。那位主管有些不耐烦地说："你这种脏兮兮的样子，根本进不了我们公司。"于是，松下幸之助回去借钱买了套新衣服，穿戴整齐又去了。这位主管一看又为难他说："我们是搞电器的，从你的求职材料看，你对电器方面的知识了解太少，不能录用。"两个月后，他又去了，他说："我已经下功夫学了不少电器方面的知识，您看哪个方面还有差距，我再一项一项来弥补。"这位主管盯着他看了半天，感慨地说："我干这项工作几十年了，头一次见到你这样来找工作的，真佩服你的这种耐力和韧劲。"就这样，松下幸之助打动了主管,如愿以偿地进了这家公司。后来,经过艰苦不懈的努力,他终于成为享誉全球的"企业经营之神"。

(三)作业布置

请运用你学习的知识,结合自身情况,谈谈如何科学调适、保持良好的择业心态呢?

专题三　调整就业心态

五、任务反馈

请以图表形式呈现本部分内容的概貌。

相信自己，事在人为，
人生在世，转瞬即逝，
做自己心态的主人，
在内心，
随时用积极的储存记忆，
来替代负面的储存记忆，
相信，
积极心态能够成就职场传奇！
愿大家都能成为职场成功者！

实训工场——制作招聘信息集

题目

你或将毕业跨出校门迈入社会,为此你需要选择恰当的就业目标,即选择行业和目标岗位,了解岗位任职要求,并调查收集该行业及该目标岗位的招聘信息。调查完成后,整理所收集信息,归纳形成目标岗位招聘信息集。

一、分析自我条件

1. 我具备哪些职业技能?

_____

_____

2. 与其他人相比,我具有哪些优势?

(1)我获得的奖励:_____

(2)我的实践或工作经历:_____

(3)其他:_____

3. 我的职业兴趣:_____

_____

二、分析外部环境

1. 当前就业环境如何?适合我的行业有哪些?就业前景分别如何?

_____

_____

2. 当前就业环境对我有哪些影响?应以何种心态面对当前就业形势?

_____

_____

3. 当前国家就业政策有哪些?

_____

_____

三、选定目标行业和岗位

1. 我的就业目标行业：_____
2. 我的目标岗位：_____
3. 我的薪酬期望值：_____
4. 该岗位的基本任职条件：_____
   _____
   _____
5. 该岗位的工作内容：_____
   _____
   _____
6. 该岗位的职业发展方向：_____
   _____

四、收集目标岗位的招聘信息，并形成信息集

途径一，通过招聘会或职业中介收集招聘信息。
途径二，通过报纸收集招聘信息。
途径三，通过网站等媒介收集招聘信息。
途径四，其他途径。

信息记录卡

工作地点：_____
工作单位：_____
岗位描述：_____
任职条件：_____
工资福利：_____

五、活动感受

1. 在整个活动中，"我"的表现如何？
   _____
   _____
   _____

2. 在整个活动中，"我"遇到了哪些难题？
___
___
___

3. 在活动过程中，"我"是否学以致用了？
___
___
___

我的感受：

六、成果展示

参考文献

[1] 劳动和社会保障部培训就业司，中国就业培训指导中心. 创新职业指导——新理念[M]. 北京：中国劳动社会保障出版社，2005.

[2] 劳动和社会保障部培训就业司，中国就业培训指导中心. 创新职业指导——新实践[M]. 北京：中国劳动社会保障出版社，2008.

[3] 潘一鸣. 大学生职业规划与就业指导[M]. 北京：北京理工大学出版社，2007.

[4] 高居红. 就业与创业指导[M]. 北京：电子工业出版社，2009.

[5] 刘德恩. 就业设计[M]. 上海：华东师范大学出版社，2008.

[6] 艾于兰，赵海霞. 职业素养开发与就业指导[M]. 北京：机械工业出版社，2010.

[7] 徐本洲，罗京宁. 就业与创业指导[M]. 北京：电子工业出版社，2009.

[8] 边玉芳. 心理健康[M]. 上海：华东师范大学出版社，2007.